転職人気NO.1

コンサルタントになれる人、なれない人

高橋信也／上條 淳
共著

プレジデント社

はじめに

　コンサルティングは、稼げる商売です。きちんと自分を磨いていけば、多様で高水準なキャリアを築いていける仕事なのです。経営コンサルティングのメッカともいえるアメリカでは、コンサルタントは弁護士や会計士などと同等の専門家、プロフェッショナルとしての地位を確立しています。クライアントの言いなりになるのではなく、価値提供のためならば、ときには断固として「NO」といえるのがアメリカのコンサルタントです。クライアント側である企業にもまた、彼らの専門家としての意見を重んじる文化が根付いています。

　一方、日本はどうでしょうか？　日本には日本の文化と価値観があることは、この業界に20年以上身を置く中で痛感しています。アメリカとまったく同じようになるのが良いことだとも思っていません。しかし、コンサルタントとして、自立したプロフェッショナルであることは、アメリカ、日本に関係なく、とても大切なことだと思います。そして、そのようなコンサルタントが、今の日本にどれだけいるのかというと、はなはだ疑わしい気持ちにならざるをえません。

実は、私がこのようなことを考え始めたのには、きっかけがありました。アメリカで子会社を立ち上げる際、自ら採用面接にのぞんだことがあったのです。そこで出会ったコンサルタントたちは、自身のキャリアについて明確なビジョンを持っていました。何年後に、どのようなポジションで、どのようなビジネスパーソンとして認められていたいのか、そこへ至るために現在の自分は何を吸収し、どのような経験を積むべきなのか　。未来から逆算して、将来目標とするキャリアを実現するための通過点として、当社が適しているから選んだのだとはっきり口にする人もいたくらいです。アメリカでは新卒一括採用などなく、大学を卒業してから海外へ飛び出し見聞や視野を広げたり、自ら選んだインターン先で経験を積んだりしながら進むべき道を見出し、企業へ入社するのが一般的です。そのため、自律的にキャリアを築くのが、ごく自然なこととして定着しています。

ところが、日本は違います。新卒採用の面接で出会う学生の多くは、自分のキャリアについて、将来について、あまりにも考えていません。面接対策として用意してきた言葉は表面的で、まるで胸に響いてきません。中途採用で出会う方の多くも、それまで自身のキャリア構築を会社任せにしてきたため、いざ、自分自身でキャリアを考える段になると、とたんにどうすればいいのかわからなくなる人が多いのです。

今、コンサルティング業界は、大きな変革のときを迎えています。今後は、プロフェッショナルとしての自覚と誇りをもって、自らを磨き続けていけるコンサルタントでなければ、稼ぐことはおろか、生き残っていくことも難しくなるでしょう。しかし、人間はそれほど強いものではありません。何の目標もなく、「ただ頑張れ」といわれても、長続きしないものです。ですから、ビジョンが必要なのです。キャリアという意味で、将来どうなっていたいのかが明確になっていれば、そこに向かって努力を重ねることができます。

そう考えたとき、キャリアマネジメントについて書こうと、筆をとりました。キャリアマネジメントの必要性について理解を深めてもらうために、コンサルティング業界やコンサルタントの仕事についてもまとめています。この本を手にとった方の中には、「コンサルタントなど目指していないから関係ない」と思う人もいることでしょう。しかし、ちょっと待ってください。自身のキャリアを明確にして自分を磨き続ける大切さは、何もコンサルタントに限ったことではないのではないでしょうか。

コンサルタントであろうがなかろうが、自律的にキャリアを構築し、充実感や納得感のある人生を送りたい――そう考えるすべての人に本書が多少なりともお役に立てれば幸いです。

目次

第2章

将来性は無限大？ 拡大するコンサルティング業界

第6章

他業種とはちょっと違った コンサルタントへの「転職」五箇条

第1章

まずは知っておきたい「コンサルタント」という仕事

しびれるほどの「やりがい」を得られる

◆企業の経営幹部に助言する責任と醍醐味

世の中には、「コンサルタント」がたくさん存在します。ウィキペディアを見ても、「顧客が抱える何かしらの課題を解決する方策を提供している」という説明とともに、経営コンサルタントや環境コンサルタント、ブライダルコンサルタントなど、さまざまな例が記されています。以前、片付けコンサルタントというものが流行していたようにも思います。

これほど世の中に「コンサルタント」が溢れている理由は、ごく一部の分野を除いて、名乗るために公的な資格が必要ないからです。誰かの相談相手になれるだけの知識やノウハウがあると思えれば、誰でも自称できます。「これまでに100人と付き合い、ドロ沼のような罪深い恋愛からハッピーエンドの恋愛まで経験してきた」人なら恋愛コンサルタントを名乗れるでしょうし、ヘッドフォンマニアならヘッドフォンコンサルタントをうたうことができます。

また、仕事を始めるにあたって最低限必要なモノといえば、パソコンと電話くらいのもので、特段、大きな投資もいりません。このあたりもコンサルタントが増えている理由の一つかもしれません。

しかしながら、企業経営に対するコンサルティングは一筋縄ではいきません。コンサルタントとして相談に乗る相手は、企業の経営幹部たちです。いわば、ビジネスのプロフェッショナルである彼らに対して、何がしかの気づきと、納得させられるだけの知識やノウハウを提供することは容易なことではありません。MBAを持っているからといって活躍できるとは限らない世界です。
しかも、扱う案件は、企業経営戦略や事業戦略、営業戦略、IT戦略などの策定から、業務プロセス改革や組織改革、M&A（合併・買収）、プロジェクト実行支援など、企業や事業の今後を左右するものが大部分を占めます。対象となる業界にも制限があるわけではないため、コンサルタントによる得手不得手は別として、金融や流通、メーカー、ITなど、クライアントのニーズによって多様な業界に対応できなければなりません。

それだけに、コンサルティングを行うには、幅広い知見が求められます。あわせて、さまざまなスキルも必要です。ロジカルシンキングやプレゼンテーション、ドキュメンテーションの能力は必須ですし、限られた時間の中で効率的に情報を収集・整理する力も欠かせません。課題の所在を見抜くには、プロジェクト全体、企業全体を俯瞰する視点が不可欠ですし、こういったインプットに対して、客観的に課題解決につながる道筋を考察する冷静さや高い分析力も求められます。そして、企業の浮沈にかかわるような課題に対して、効果的な助言をしなければならない責任やプレッシャーはたとえようもないほど大きなものがあります。

しかし、だからこそ得られるやりがいや、やり遂げたときの達成感には格別なものがあるのです。

コンサルティングファームの5分類

総合系

戦略・システム・人事など、幅広いコンサルティング機能を持っている。

戦略系

経営戦略やM＆Aなど戦略分野に特化している。

IT系

システムの導入や導入する前段階や導入後に関するコンサルティングを行う。

組織・人事系

人事や給与制度設計、年金業務など、人事まわりのコンサルティングに特化している。

シンクタンク系

政策立案や意思決定のための調査・分析業務が主体で、システム構築なども行う。

◆悪役を買ってでも、プロジェクト成功を目指す

コンサルタントの仕事がどのようなものか、イメージしてもらいやすいように、過去に経験したプロジェクトを紹介します。ただし、守秘義務がありますので、内容は適宜加工しています。ご了承ください。

ある大手企業が、カスタマーとの接点となっている100あまりの販売代理店を再編・集約し、かつ店によってばらつきのあったサービス内容を整理して、どの代理店でも同様のサービスが提供できる体制を構築すると決定。あわせて、その体制を支えるシステム開発も行うことになりました。プロジェクト規模は数十億円、スタッフは総勢150名以上という社運を賭けた大規模なものでした。しかし、プロジェクトが本格的に動き出してから新体制のもとでサービスの提供を開始するまでに残された期間は、わずか2年弱と

短いもの。さまざまな意味で、非常にシビアな状況に置かれていました。このプロジェクトに外部ＰＭＯ（プロジェクトマネジメントオフィス）として採用され、参画することになりました。ＰＭＯとは、プロジェクト全体の進捗状況や課題を可視化し、プロジェクトマネージャー（ＰＭ）の相談役として、その意思決定を支援することでプロジェクトの成功に寄与する存在です。

私がＰＭＯとして入った段階で、プロジェクトは遅れ気味でした。その原因を探るため、まず組織診断に着手しました。2〜3週間の間に膨大な資料をすべて読み込み、20名ほどいるプロジェクトのキーパーソンにヒアリングを重ねました。各人のモチベーションは高いのか、ベクトルはそろっているのか、組織として機能する状態にあるのかを確かめていったのです。

その結果、見えてきたことは、システムベンダーの実力は確かなもので予算規模も適切だが、必要以上に人の良いＰＭがユーザーのリクエストに応えようとしすぎるために、どんどんタスクが増えてしまっていたことでした。

そのことをＰＭやプロジェクトのトップたちに理解してもらい軌道修正するため、関係者20名ほどが集まる会議の席でＰＭの実力不足を指摘しました。同時に、増えすぎたタスクの交通整理を行い優先度の低いものは大胆に削っていったのです。ＰＭにとって、当時30代半ばでしかなかった私に、大勢の関係者がいる前で自分の実力不足を指摘されることは、きつい体験だったに違いありません。しかし、プロジェクトを成功に導くために必要とあれば、自ら嫌われ役を買って出るのがコンサルタントです。心を鬼にして機能不全に陥っていた組織の立て直しに取り組みました。

結果は、無事プロジェクトは成功し、期限通りサービス提供を開始することができました。クライアントの信頼を得たことで、他のプロジェクトにもＰＭＯとして参画することに。結果にコミットすることで、仕事が広がっていったのです。もちろん、ＰＭにはフォローを入れて関係修復に努め、10年近く経った今でも、食事を共にする関係が続いています。

個別プロジェクトにおけるPMOの役割

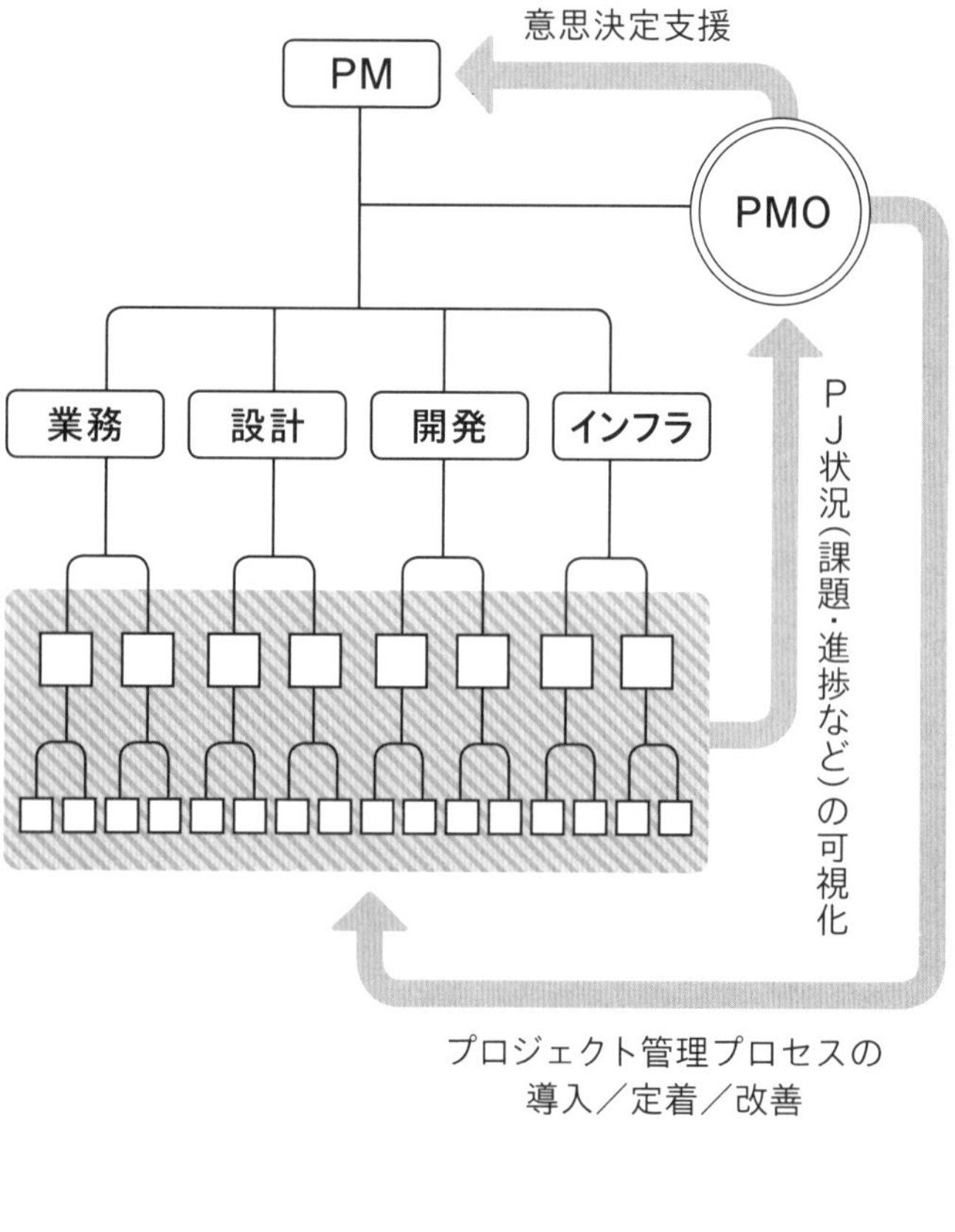

◆クライアントの成功と喜びを共有する

ここまでの話で気づいている方もいると思いますが、コンサルタントのやりがいは、企業経営にかかわる当事者のそれとは異なります。たとえるならば、ゴルフのキャディー、またはスイングコーチに近いかもしれません。彼らは、ゴルフに対する深い造詣を持っています。キャディーであれば、コースの特性やカップの位置に応じた攻め方、打ち込んではいけない場所、クラブ選択のポイントなどに精通しているでしょうし、スイングコーチなら飛ばし方や正確なボールコントロールについて自分なりの理論を持っているはずです。

彼らは、こういった知識やノウハウをもとに冷静に状況を分析することで、ゴルファー自身が気づけない課題に迫ります。そして、ゴルファーが素晴らしいプレーを見せたとき、その喜びを共有するのです。

コンサルタントも同様に、当事者とは異なる客観的な立場から助言を行い、クライアントの成長を支援します。つまり、クライアントの成功を我が事として喜べる人ほど、コンサルタントという仕事にやりがいを見出しやすいといえます。

私がコンサルタントという仕事を選んだ理由の一つが、まさにそこでした。大学の頃から、いつの間にか人の輪の中心にいて、「相談に乗ってくれ」と頼まれることが多く、自分がそういう立場にいることを快く思っていたこと。だからといって、集団をグイグイ引っ張っていくようなリーダータイプとは少し違うという思いから、コンサルタントを強く意識するようになったからです。第4章以降でキャリアデザインについて詳しく説明しますが、満足のいく仕事に出合うには、仕事の特性と自分の思考やタイプをすり合わせることがとても大切になってきます。

◆業務を経験する中で自分も成長できる

コンサルティングは、知識の面でも、ビジネスパーソンとしても、自分を大きく成長させてくれます。

先ほど説明したコンサルタントに必須のスキルであるロジカルシンキングやプレゼンテーション、ドキュメンテーションの能力は、ほかの職業でもおおいに役立ちます。

クライアントに内容のある提案を行おうと、情報を集めて整理・分析していれば、クライアント企業だけでなく、その周辺に位置する取引先や業界全体まで理解が深まっていくはずです。そのため、さまざまなクライアント、業界のプロジェクトを経験するほど、知識に幅と奥行きが生まれ、いつしか社会の仕組みもぼんやりと見えてくるようになってきます。

　また、コンサルタントが相対するのは、企業の経営幹部や事業のトップたちがほとんどです。プロジェクト規模も数百万円のものから、大企業の基幹システム刷新プロジェクトなどともなれば数百億円というものまであります。20代、30代という比較的若いうちから、自分よりもはるかに社会経験を積んだ人物を相手に、大きなプレッシャーを感じる環境でもまれることで、人間的にも鍛えられることは間違いありません。

　知的好奇心が強く、向上心の高い人にとって、コンサルタントは、うってつけの職業といえるわけです。

コンサルティングで身につくスキル

ロジカルシンキング

物事を構造的にとらえて、課題や考察すべきポイントを整理して論理的に思考を深める力。

プレゼンテーション

ロジカルシンキングによって得たファクトや仮説を筋道立てて端的に論理を展開し、相手に理解、納得してもらう力。

ドキュメンテーション

収集した情報を整理・体系化して読み手にわかりやすい形で文章や図形に落とし込む力。

デキる奴ほど稼げる商売！

◆20代で年俸1000万円など、珍しくない

「コンサルタントは、稼げる」というイメージを持っている人は多いと思います。そのイメージは、間違っていません。各種転職サイトなどで紹介されている収入の高い職種ランキングでも、コンサルタントは、上位にランクインしていますし、外資系コンサルティング会社の場合は、年俸1000万円クラスなど、ごろごろいます。

実は、私が最初にコンサルタントという仕事に抱いたイメージも収入が高い仕事というものでした。

コンサルタントのことを知ったのは、高校2年生のとき、父の薦めで大前研一さんの『世界が見える日本が見える』（講談社）を読んだのがきっかけです。著者の鋭い観察眼に感銘を受けた私は、大前さんが職業とする経営コンサルタントに興味を持ち、その仕事について父にたずねました。そのとき返ってきた答えは、次のようなものでした。

「経営の相談に乗って、たとえば、1社当たり50万円のコンサルティング料をもらったりする仕事だ。仮に4社を相手にしたら200万円の稼ぎになる」

このような話を高校生が聞けば、「なんておいしい商売だ」と興奮するのも当然です。しかも、モノを製造するわけでもなく相談に乗るだけなら初期投資も必要ありません。この話を聞いたことで、コンサルタントは「元手なしで儲かる仕事」だと私の中にインプットされたのでした。

新卒で外資系コンサルティング会社に入社したことで、イメージは現実のものとなりました。社会人6年目を迎えるころには年俸1000万円を超え、29歳になると1300万円に達していたからです。1990年代後半から2000年代はじめ、このクラスの収入が得られた職業は、せいぜい大手金融機関の社員くらいのものでした。しかし、私以上に稼いでいるコンサルタントは大勢おり、2000万円、3000万円など、上を見ればきりがないものでした。

◆経験を積むほど「楽」になる

コンサルタントが手がけるプロジェクトにまったく同じものなど2つとありません。企業によって財務状況や事業特性、社員構成、社員の実力など千差万別なのですから、そこから生まれる課題もその解決策も異なって当然です。

しかし、コンサルタントとして経験を積み、知の蓄積が進むに従って、効率は確実に上がっていきます。たとえば、新人の頃、1週間、2週間とかかっていた課題の抽出が1日、2日でできるようになります。クライアントに何をヒアリングすればいいのか、どのような情報を優先的に集めるべきかといったことがわかってくることで、時間は飛躍的に短縮できるからです。解決策についても同様です。まったくのゼロから構築していくよりも、過去に経験したプロジェクトから類似したもの、応用できそうなものを記憶の中から呼び起こし、アレンジしたり、組み合わせたりしたほうがはるかに早く答えに到達できます。

コンサルティングの成熟しているアメリカでは、昔ながらのコンサルティング手法が今でも多く使われています。たとえば十数年前に流行した「アクティビティーベースドコスティング（ABC）」は、業務上における1時間当たりの業務コストを一つの単位として計測し、無駄なコストがどこにあるのかを把握するための手法ですが、これは今の多くの日本企業にも非常に有効です。

　このようにコンサルタントは、業界や業務の専門知識に留まらず、クライアントの課題にフィットした解決策を提案段階で見極めていく目利き力や解決力が求められます。そして、こういった能力は、長年の経験の蓄積によって磨かれていくものなのです。


　生産性を高めたことで生まれる時間をほかのプロジェクトに回せば、同時並行で受けることのできるプロジェクト数を増やせるので、必然、報酬も上がっていきます。空いた時間を自己研鑽に充てることでクライアントに提供できる価値を高め、時間当たりのコンサルティング料を上げていくことでも報酬を上げることができます。

　このような好循環が生まれれば、クライアントへ提供できる価値だけでなく、充実感や喜びを得られる機会、またその度合いも高まっていくはずです。

もちろん、「すでに十分な報酬を手にしている」のであれば、プライベートの充実にその時間を使ってもいいでしょう。

経験を積むことで収入が上がっていく職業は、何もコンサルタントだけに限ったことではありません。しかし、時間当たりのコンサルティング料が報酬額に大きく影響するコンサルタントの場合、その度合いが高いのは間違いないことなのです。

◆転職によるステップアップも思うがまま

経営戦略や事業戦略など、企業経営を左右するノウハウを豊富に備えているコンサルタントは、以前から転職市場においてニーズの高い職業ですが、この傾向は、今後ますます強くなると予想されます。理由は、事業領域のボーダレス化です。

皆さんも、ここ数年で、「この企業が、こんな事業に手を出すの?」と驚かれた経験が一度や二度はあるのではないでしょうか。最近、大きな話題となった例を挙げるなら、電力自由化でしょう。通信事業者やプロバイダー、鉄道事業者など、長年手がけてきた事業とのシナジーを狙って、多様な業界から多くの企業が名乗りをあげました。しかし、新規参入する企業には電力事業のノウハウがありません。そのため、コンサルタントに助言を求めるなど、社外から人材を調達する必要があります。その際、仮に電力事業に関するコンサルティング経験を持つコンサルタントが事業会社への転職を希望していると知れば、どうでしょうか。多くの企業が、「是非とも当社へ」と思ったとしても不思議はないはずです。

このように、さまざまな業界の事業ノウハウを持っているコンサルタントは、事業領域の垣根が低くなっていく今後、これまで以上に必要とされる職業だといえるのです。

プロだけが生き残る厳しい世界

◆「昇進するか、さもなくば、去るか」

ここまでコンサルタントという職業の良い面をいろいろと見てきました。そこでここからは、マイナス面について紹介していこうと思います。

まず、コンサルタントは稼げるという話をしましたが、それはあくまでも実力があってこその話です。コンサルティング業界は、実力が伴わなければ、ほかの職業に比べて厳しい世界だといえます。

この業界には、昔から「UP or OUT」という言葉があります。その意味するところは、「昇進するか、さもなくば、去るか」。一定期間内に成果を出したコンサルタントは昇進していきますが、成果を出せないコンサルタントは会社を去らなければならないということです。

コンサルティング業界では終身雇用という発想が薄いため、実力が足りなければ、会社を去るのが当たり前という考え方が定着しています。そのため、かつては成績の悪いコンサルタントの何%かを解雇していた会社も少なくなかったようです。さすがに、日本では終身雇用の考え方が根強いうえ、労働基準法による規制などもあるため、短期的に成果が出せないという理由だけで解雇されることはほとんどありません。

ただし、年俸が下がることは十分ありえます。プロ野球の世界と同じで結果を出せなければ、翌年の年俸はダウンしてしまいます。そして、年俸減を受け入れられないコンサルタントが、自ら会社を去っていくことも珍しくありません。

ただ、私はこの発想をネガティブなものだとは思っていません。コンサルタントたるもの、会社に頼って生きていくのではなく、自分の価値を最大限に発揮でき、さらなる成長にもつながる環境を求めていく＝自分の生き方をプロデュースできないと、これからのコンサルティング業界で長く活躍することなどできないと考えるからです。

しかし、これは一般企業に勤めるビジネスパーソンであっても同様ではないでしょうか。現在、どこの企業においても、その人事・給料制度は「年功序列」から「成果主義」へと改革が進んでいます。その中で生き残っていくためには、やはり自分の価値を高めていくしかないのです。自分の生き方をプロデュースするという力は、これからの時代、すべてのビジネスパーソンに求められる資質となっていくはずです。

◆年俸制は、あくまで成果に対する報酬

コンサルタントは20代で1000万円以上稼ぐことが可能だと書きました。

なぜ、これほど稼げるのか？　理由は簡単です。それだけ高額のコンサルティング料をクライアントからいただいているからです。月当たりのコンサルティング料が、３００万円、４００万円というケースもざらにあります。

これほどの単価に見合う価値を出すため、平日は終電まで残業し、土日も仕事に充てるコンサルタントが少なくないのが現実です。コンサルティング業界には時間給という発想はなく、あくまで年俸制で、成果に対する報酬という考え方をしていることもあり、予定以上に作業時間が増えることもしばしばです。

それは、成果さえ出していれば、決まった勤務時間に縛られることなく働けるということでもありますが、能力が不足している場合、時間を費やすことで補うしかないことをも意味しているのです。しかも、この落とし穴に気づいてすらいないコンサルタントも少なくないようです。予定していた時間までに仕事が終わらなくても「残ってやればいい」と安易に時間で解決しようとするケースをしばしば目にするからです。

コンサルタントになりたての20代であれば、一概に悪いとはいえません。多くの時間を費やすことでスキルや知識を学べるでしょうし、時間に追われながら汗をかくほど知恵を絞った経験は糧となり、将来のキャリアに活かせるからです。

しかし、30代、40代と一定のキャリアを積んでいるにもかかわらず、高い単価を長時間残業で補うというのは、労働集約的な仕事そのものでしかありません。そこには、培った知見やコンサルティングスキルを武器に、時間当たりの高い付加価値を追求するといったプロフェッショナルとしての在り方は見当たらないといえないでしょうか。

◆密かに存在する「多重下請け構造」

外資系コンサルティング会社の多くは、本国の親会社に対して上納金を納めなければなりません。これはいわゆるブランド使用料のようなもので、何年、いや何十年経っても、なくなることはありません。現場で必死になって頑張り手にしたコンサルティング料の一部を、ブランド使用料という名目だけで親会社に払い続けなければならないわけです。

また、コンサルティング業界にも、建設業界やSI（システム・インテグレーション）業界などと同じように、多重下請け構造というものが存在します。2次請け、3次請けともなれば、関われる業務範囲も限定的になり、利益率も下がります。月の単価にして20～30％を元請けにとられてしまうので、報酬額が低くならざるを得ません。

クライアントに対して自分のコンサルタントとしての価値をダイレクトに伝えることができないというのも、大きなデメリットになります。クライアントから遠くなることで、コンサルタント自身の成果に対する責任感が薄くなる危険性が高く、また、クライアントが自分たちを認知してくれることもあまりありません。

結果、いつまでたっても2次請け、3次請けに甘んじてしまうことになるのです。

こういったデメリットを避けるためには、就職するコンサルティング会社を事前に吟味しておく必要があります。

コンサルティング業界で働くからには、大きなやりがいや報酬を得られるだけでなく、こういった厳しい現実があることも覚えておいてください。

「自律的にキャリアを構築し、
充実感や納得感のある人生を」

第2章

将来性は無限大？

拡大するコンサルティング業界

日本の市場規模は、4000億円に迫る

◆「上昇気流」業界成長率は年率5%か？

イギリスに本社を置く市場調査会社・ユーロモニター社の調査によると、世界におけるビジネスコンサルティング業界の市場規模は、約10兆～20兆円あるようです。そのうち、最大の割合を占めているのが米国で、その規模はおよそ8兆～10兆円。それに対して日本の市場規模は約3000億～3500億円と推定されています。

金額だけを見れば、米国と大きな開きがありますが、企業のグローバル化の進展にともなってコンサルタントに対するニーズが高まり、業績も順調に

推移しているコンサルティング業界の現状を鑑みれば、今後も堅実な成長が見込めます。実際、年率約5％ずつ成長し続けているというデータもあります。

とはいえ、すべてのコンサルタントが、この上昇気流に乗れるかというと、そうではありません。

この業界に20年以上いる中で、「コンサルタントのインフレ現象」と呼んでいるのですが、猫も杓子も「コンサルティング」というメニューを掲げれば、付加価値が上がると考え、またクライアント側もコンサルタントだからという理由で、無駄なコンサルタント料を払っている現実は確かにあります。

しかし、その一方で、企業の経営環境や事業環境は変化し、年々厳しさが増している昨今、企業がコンサルタントに向ける目や期待値も確実に変わってきています。従来のような提案だけを行うコンサルタントから、成果にコミットできるコンサルタントが必要とされる時代へ入っていると感じているのです。

このあたりの変化を理解していただくために、日本におけるコンサルティング業界がこれまでどのように拡大・成長してきたのか、その変遷を少し振り返ってみたいと思います。

外資の参入で普及が本格化

◆第一の波　1970年代～「黒船襲来」

最初の波は、1970年代でした。マッキンゼーやボストン コンサルティング グループ（BCG）といった米国生まれの戦略系コンサルティングファームが、相次いで日本での活動を本格化させた時期です。このときから日本は欧米流の経営手法を本格的に導入するようになっていきました。

一方、70年代の末頃になると、日本企業の欧米での躍進が始まり、80年代のバブル経済の到来へとつながる好調ぶりを示し始めました。その勢いに押され気味となった米国企業の間で「日本的経営の良さに学べ」といったムーブメントさえ広がったくらいです。顕著な現象が、1979年に欧米で発刊された『ジャパン アズ ナンバーワン』（エズラ・F・ヴォーゲル著）という本のベストセラー化でした。
こうした環境下で、各ファームの日本法人もまた、本国へ向けた日本流経営ノウハウの逆輸出拠点にもなっていたようです。

外資系コンサルティング会社の日本進出

1966年 ボストン コンサルティング グループ
1971年 マッキンゼー・アンド・カンパニー
1972年 A・T・カーニー
1978年 アーサー・D・リトル
1981年 ベイン・アンド・カンパニー
1983年 プライスウォーターハウスクーパース・ストラテジー
1989年 アンダーセン コンサルティング

◆第二の波　1990年代〜「IT系の隆盛」

第二の波がおとずれたのは、日本のバブル経済が儚くもはじけた、1990年代から2000年代にかけてでした。

このときの主役は、いわゆるIT系と呼ばれたファーム、たとえば、アンダーセン コンサルティング（現アクセンチュア）やアビームコンサルティングなどです。私もこの時期にアンダーセン コンサルティングに入社しましたが、本来のコンサルティングからは離れていて、違和感を覚えざるをえないシステム寄りのプロジェクトが、あちらこちらで展開されていました。ちょうどこの頃、野村證券のグループ会社であり、主にSI（システム・インテグレーション）事業で収益を確保していた野村総合研究所（NRI）も、事業ドメインをITコンサルティングに切り替え、売上を大きく伸ばしています。

企業経営にとってシステムが必要不可欠のものと認知されてきたことで、ＩＴ系コンサルティングが華やかに盛り上がった時期だといえます。

ドイツ・ＳＡＰ社のソフトウェア『Ｒ／３』をはじめとするＥＲＰパッケージの導入が、まるでブームのようにあらゆる企業の間に拡大・浸透していったのもこの頃です。それまで日本企業は、高度な計算能力や厳格なセキュリティ管理が求められる基幹システムをオーダーメイドでＳＩ企業に開発を依頼し、導入を進めてきました。ただ、この手法はゼロからシステムを築き上げなければならないため、多大なコストと手間が必要でした。

ところが、欧米ではトップ企業でさえ、ＥＲＰパッケージという汎用化されたアプリケーションを導入し、低コストで高効率なシステム運用に成功していたのです。組織や業務の在り方をＥＲＰでマネジメントしやすいものへと改革することで、収益率の向上にも成功していました。バブル経済崩壊後の厳しい環境の下、経営の効率化を最重要課題としていた日本企業は、この潮流に飛びついたわけです。

では、このムーブメントによって、コンサルティングの最前線はどうなったのかというと、歪みのようなものが生まれていきました。経営そのものを左右する基幹システムに未知の海外製パッケージソフトを導入しようというのですから、スマートフォンにアプリをインストールするようなわけにはいきません。「現状の自社の業務に適合させるにはどうすればいいのか」「各機能の設定は何が最適なのか」といった課題が山のように積まれていきました。こういった課題に対して、いわゆるＩＴ系コンサルティングファームが、「御社に最適なＥＲＰの導入をコンサルティングします」と提案するようになったのです。

これだけであれば、何もおかしな話ではありません。しかしその内実は、パッケージソフトをクライアント企業のシステムにセットアップするだけの人間までが「コンサルタント」を自称し、高額な報酬を得る状況が生まれました。「コンサルティング会社」とは名ばかりの会社が次々と誕生していったのです。

現在も残る優秀なコンサルティング会社が、この第二の波をきっかけに成長したのは確かなことです。その一方で、ERPブームの終焉とともに消えていった会社も数多くありました。

また、生き残った会社の中にも、システムを売り込みたいがため、コンサルティングという名を使った客集めに精を出すところが少なくありませんでした。そのために、コンサルタントとは名ばかりのシステム屋が数多く育っていくことになります。

存在意義が問われる新たな時代へ

◆第三の波　そして今〜「事業領域のボーダレス化」

では、第三の波はいつなのでしょうか？　実は今がまさにその時期なのです。第一の波、第二の波を通じて、企業は試行錯誤を繰り返しながら、戦略の重要性やIT活用の必要性を知り、経営の見直し、業務改善、組織変革などを行ってきました。その過程で、間違いなく大きな成果を手にしてきたはずです。しかし、肝心のビジネスはといえば、国内市場の縮小やグローバル市場での熾烈な競争の中で壁に突き当たっています。その壁を越えるべく、イノベーションを起こそうと挑戦を続けています。

ＪＲがエキナカ・マーケットを重視して小売業に挑んでいくことや、ソフトバンクがソフトウェアの提供から携帯端末事業に参入し、電力まで手がけるようになることなど、誰が予想できたでしょうか。このように、今後は「この会社はこの事業を行う会社」という枠にとらわれず、さまざまに挑戦する企業だけが生き残っていく時代だといえます。

しかし、誰も予想し得ないほどの変革や、それを実現するための先例のないプロジェクトを成功に導くのは、並大抵のことではありません。それだけにコンサルタントに対する企業の期待値は膨らんでおり、かつコンサルタントの存在意義も問われているのです。

◆戦略実行型がイノベーションを起こす

第一の波の鍵を握ったのは戦略であり、第二の波の鍵はＩＴ活用でした。では、第三の波では、何が鍵となるのでしょうか。

それは、戦略実行型マネジメント・コンサルティングだと考えています。米国においても、ストラテジー・インプリメンテーションこそがホットトピックだといわれているように、もはや、知恵の引き出しを開けて、気の利いたアイデアを持っていくだけでは、企業は満足してはくれません。欲しいのは、結果。結果をこそもたらしてくれる実行力あるコンサルタントが熱望されているのです。

このような要望が強くなった背景の一つに、組織の在り方の変化があります。企業が、国の違い、文化の違い、業界の違いといった壁を乗り越えて、前例のない領域でイノベーションを起こしていこうとすれば、今まで以上にスピードが問われることになります。そのため、従来のヒエラルキー型の大所帯の組織で時間をかけながら意思決定しているようでは激しい競争を勝ち抜いていくことは困難だということ、少数精鋭主義で優秀なメンバーを集め、すぐにでも形にしていくことが必要だということに、多くの企業が気づいた結果、現代のビジネスは、プロジェクト型組織で運営されるケースが主流になっています。

では、社内外やパートナー企業から専門性の高いメンバーを集めれば、プロジェクトがうまく運ぶのかというと、そうはいきません。優秀な人材ばかりを集めただけでは、チームとして機能しないからです。クセのある人がいても、しっかりとチームを束ね、かつスピードも上げていくことのできる存在が不可欠となっています。このポジションを務められるのが、コンサルタントなのです。

◆硬直した組織を改革できるのは「外の人」

かつてBCGで活躍し、コーポレイト ディレクション（CDI）の設立者となった後、産業再生機構でCOOを務め、現在はIGPI（経営共創基盤）CEOである冨山和彦氏は、著書『会社は頭から腐る』（PHP研究所）

の中で、腐りかける会社のタイプを書いています。その中の「名門一流大企業型」に多く見られる傾向ですが、会社そのものに問題を抱えていることがあります。たとえば「会議」。そもそも会議をするのは、「今決めなければいけない重要事項があるから」のはずです。「決める」ことが重要だと思うから忙しい中で、時間を割いて関係者は集まり、議論するわけです。

しかし、多くの会社では「会議を持つ」こと自体が目的になってしまっています。会議を開いただけで、結局は何も決まらなかったとしても、参加者は何かを成し遂げたかのような錯覚に陥り、貴重な時間を無駄にしてしまったことに気づいていません。これが続けば、会社は硬直し、何も動きません。意思決定スピードの低下だけでも現代では致命傷になりかねないのに、そこへ関係者の意識の低さまでが加わっているからです。さらに、事態を改善したくとも、硬直した組織の「中の人」のみで、それを成し遂げることは容易ではありません。

こんなときこそ真価を発揮すべきなのが、「外の人」であり、そういう役割のプロフェッショナルであるコンサルタントというわけです。

かつて、第一の波の時代、コンサルタントは、その直訳のとおり「相談者」として相談を受け、解決策をレポートの形にして提案するだけで存在意義を示すことができました。ある意味、欧米からノウハウを仕入れ、その知識を切り売りするだけで通用したケースも少なくなかったといえます。しかし、当時有効だった問題解決法の数々は、インターネットが普及した現在、すでにコンサルタント以外のビジネスパーソンの知るところとなり、比較的新しいノウハウについても、書店に並んでいるビジネス書によってわかりやすく解説されています。

第二の波でITコンサルタントが提供していったようなシステム類は、すでに多くの企業が導入済みです。クラウドコンピューティングが進化する中、ツールによっては不要にさえなりつつあります。もはや現代のコンサルタントは、レポートやシステムといった成果物を期待されてはいないのです。期待されているのは、リアルな結果――組織を腐らせることなく束ねていき、期待を超える結果へと導くこと。それこそが、現在、そしてこれから求められるコンサルタントの条件です。

では今、企業が望んでいる力を備えたコンサルタントが潤沢にいるのかというと、そうではありません。現在、コンサルタントを名乗っている人の多くは、解決策の提案者という位置から抜け出せていません。

だからこそ、今が絶好のチャンスなのです。「結果をもたらすことのできるプロフェッショナル」として自立できたなら、その人は「一人でも生きていけるコンサルタント」になれます。

「今が絶好のチャンス。一人でも生きていけるコンサルタントに」

第3章

コンサルタントだからできる「自律的」なキャリア形成とは?

「一人でも生きていける」自分ブランドづくり

◆生涯現役を貫ける職業

この章では、「一人で生きていけるコンサルタント」になるために、何が必要なのかを考えていきたいと思います。

そもそも、私が考える「一人で生きていける」職業とは、組織に属し、その中で一年一年ステップアップしていくコーポレートラダー（出世の階段）ではなく、弁護士や医者、会計士、税理士、コンサルタントのように、個人のスキルや技量によってキャリアを形成できる独立性の高いキャリアのことです。こういった職業は、自分の力で稼ぎ、生きていくことができるため、生涯現役を貫くこともできます。老後の生活に不安を抱える人が多いといわれる今の世の中において、これほど頼もしい職業はないのではないでしょうか。

ただ、弁護士や医者など国家資格があるものは、「資格によって守られている」半面、一つのマーケット、一つのパイの中で争っていくしかない不便さもあるように感じます。人工知能の発達・普及に伴って、弁護士や会計士などの職までが脅かされているという話も耳にします。

その点、コンサルタントは、多様性に富み、顧客視点で行うプロフェッショナルサービスであるため、自分の努力次第でマーケットやパイを広げていくことができます。

独立性の高いキャリアの中でも、より「自律的」なキャリア形成が可能な職業だといえるでしょう。

◆30歳までが、最初の勝負

コンサルタントになる道には、2つあります。一つは、大学など学校を卒業した後、新卒でコンサルティング会社に就職する道で、もう一つが一般の事業会社などで業務経験を積んだ後、中途でコンサルティング会社へ転職する道です。そこから先は、アソシエイト、コンサルタント、マネージャー(シニアコンサルタント)、パートナーと進んでいくのが一般的ですが、まずは3年ほど下積みの期間を経ることになります。

アソシエイトとして先輩コンサルタントとともにプロジェクトにアサインしながら、コンサルタントにとって必須と言えるロジカルシンキングやコミュニケーションスキル、企業の業務体系や業種・業態に関する知識などを自らにインプットしていきます。かつて私が在籍していたアクセンチュアなどでは、システムのプログラミングも、こうした基礎スキルの一つとして重視されていました。
以上のような基礎をある程度身につけた後、自身の専門領域や専門業種を設定し、さらに数年の経験を通じて独り立ちできるようになったとき、ようやく一人前のコンサルタントとして内外から認知されるようになります。

では、新卒でコンサルティング会社に入り、ここまでのプロセスを30歳くらいまでの間に通過したとします。そのコンサルタントには、果たしてどれほどのマーケットバリューがあるでしょうか？　ある人は、あいかわらず先輩コンサルタントのサポートとして、プロジェクトメンバーの一人でしかないかもしれません。人によっては、パートナー並みに案件を獲りにいく責任を手に入れているかもしれません。ただし、このポジションを得ているコンサルタントであっても2種類に分けることができます。一つは、文字通り個人の技量で案件を獲得できるコンサルタント。もう一つが、「〇〇コンサルティング」という会社の看板で案件が獲れているだけのコンサルタントです。

前者であれば、一人で生きていけるコンサルタントへの道は、かなり拓けているはずです。本人にその気さえあれば、独立という道も考えられるでしょう。

一方、後者にあてはまる人が「一人で生きていけるコンサルタント」を目指すなら、まず「会社の看板」ではなく、「○○さんにお願いしたい」と指名で案件を獲得できる存在を目指してください。そのためには「自分ブランド」づくりが必要です。

◆唯一無二の武器を手に入れる

「自分ブランド」づくりのために、するべきことは2つあります。一つは、ソリューション力を身につけること。所属するコンサルティング会社が保有するノウハウやツールではなく、他のコンサルタントも持っていないような自分なりの問題解決能力というものを構築することです。

そのためには、土台となる知識と思考力が欠かせません。知識は、業界や業務、経営学、コンサルティングに必須のスキルなど、広範にわたるため、とにかく本を読んでください。ビジネスにかかわるものばかりでなく、文化や歴史に関する知識も必要です。企業の中には、創業100年などという老舗も少なくありません。その企業を理解するには、長い歴史の流れの中で、どのような選択を繰り返してきたのかということを知ることも大切になってきます。企業の動きを、社会の動きと切り離して理解しようとすると、ある一面しか見えなくなってしまいます。

こういった総合的な知識を習得するには、最低でも1000冊は読破する必要があります。100冊程度では、どうしても知識に偏りが出てしまうからです。

インターネットが発達した現在、知識を得るにはネット検索で事足りると考える方もいると思います。しかし、ネットの情報は断片的なものが多いため、体系立った知識を得るには、やはり本がおすすめです。

一方、思考力を磨くには、「考えるクセ」をつけることです。私は、見聞きしたものにツッコミをいれるようにして思考力を磨いてきました。

たとえば、テレビのニュース番組を見ているときはコメンテーターの発言に反論します。そのコメントがどれほどもっともらしいものだったとしても、意見の穴を見つけて自分なりの考えをぶつけます。大勢のコメンテーターや専門家が参加している討論番組では、一人一人の意見を紙に書き出して、それぞれの立場や思考などを色分けした相関図を作成し、最後に自分の意見を書き込んだりしました。

ビジネスに関する思考を鍛えたいと思うなら、飲食店に入ったとき、その店の毎月の売上や利益を計算してみるのも面白いでしょう。メニューで価格を確かめ、客層を見ながらおおよその客単価を予測し、席数と客の回転率から1日の売上を導き出します。そこから人件費や原材料費、店舗維持費などを引いて利益を計算してみるわけです。余裕があれば、店の課題を見つけて、売上を上げる方法を考えてみるのもいいかもしれません。

知識と思考力が身についたら、人事などヒューマンリソース系でも、プロジェクトマネジメント系でもかまわないので、自分なりのテーマを見つけて深掘りしていくことです。私が10年以上も前から、日本でほとんど認知されていなかったPMOに着目したのも、自分なりのテーマを深掘りしていく過程でのことでした。

◆仕事を獲得する力を身につける

もう一つは、アカウント・マネジメント力、もしくは営業力です。これは文字通り、クライアントのキーパーソンをはじめ、多くの人と信頼関係を築き、自分なりの人脈をつくっていく力です。

大手コンサルティング会社に所属している場合、どうしてもお客様とのリレーション形成はパートナーの仕事になるため、なかなかチャンスに恵まれないかもしれませんが、先輩コンサルタントに同行する機会があれば、必ず付いていくようにしましょう。サービスデリバリーに必要なコミュニケーションスキルと営業時のそれとは異なるため、プロジェクトに参加するだけでは、実践的な力を学ぶ機会を得にくいからです。

どうしてもチャンスが巡ってこないというなら、思い切って人数の少ない中堅コンサルティング会社に転職するのも手です。人数が少ない分、一人のコンサルタントに求められる業務領域が広くなり、より早く営業の機会が巡ってくるからです。

30代でこの2つの力を身につけることができれば、転職するにせよ、独立するにせよ、道は拓かれ、好機も訪れることでしょう。

揺るぎない「キャリア観」が不可欠

何を最終目標にするのか?

新卒でコンサルティング会社に入社した場合、30歳が最初の分かれ道になると説明しました。では、なぜ、人によって能力やポジションに開きが出るのでしょうか。そもそも、潜在能力や適正の違いがあるのは当たり前のことです。所属する会社の人材育成方針や社風などが影響する部分も大きいでしょう。しかし、たとえ同じ潜在能力・適正のある人が、同じ環境で同様の教育を受けたとしても、同じ能力・ポジションを獲得できるとは限りません。

なぜなら、その差を生み出しているのが、揺るぎない「キャリア観」の有無だと思うからです。ここでいうキャリア観とは、職業を指しているとは限りません。仕事をする上で譲れない価値観や強い思いのようなものでもあるからです。

コンサルタントになるということは自らのキャリアを自らの手でつくり上げていくことだと理解すべきです。コンサルティング会社に勤めていれば、自然にコンサルタントになれるというわけではありません。自分の価値を自分でつくり上げていく、そういった創造性の高い職業だからこそ、キャリア構築の核となるキャリア観が必須なのです。

なぜ、コンサルタントという職業を選んでいるのか、コンサルタントとして何を実現したいのかを持っている人と、何となくコンサルタントを続けている人とでは、仕事に対するモチベーションが違ってきます。目指すキャリアに到達するために、今の自分に何が欠けていて、何を吸収すべきかが見えていれば、知識やスキルを身につけようとする意識にも違いが出てきます。一つの体験から得られる気づきの数や幅、奥行きにも差が出てくるはずです。

こういった小さなことの積み重ねが、年を経るごとに差を広げていくことになります。

別に、目指すべき最終目標がコンサルタントでなくても構いません。10年後、20年後に思い描くキャリアに到達するためには、その通過点としてコンサルタント経験が必要であり、コンサルタントとして何を身につけたいのかが明確になっていれば、同じことだからです。

では、次の章では、実際にコンサルタントとして活躍している4名に登場いただき、そのキャリア構築に対する考え方を紹介したいと思います。

「その差を生み出しているのは、
揺るぎない『キャリア観』の有無」

第4章

成功者の「キャリアマネジメント」に学ぶ

敏腕コンサルタントの軌跡から考える人生の方程式

4人が成し遂げたキャリア構築術

◆そのキャリアパスにヒントがある!

コンサルタントは自律的にキャリアをつくりやすい職業だと話しました。これからのコンサルタントは、それができなければ生き残っていくことができないとも言いました。そうなると、現在、コンサルタントとして成功している人たちは、どのようなキャリアを歩んできたのか、気になることと思います。

これから紹介する4名のコンサルタントは、それぞれ異なるキャリアパスを歩み、異なる思いを持ってコンサルタントという仕事と向き合っています。

そのような彼らに、現在までのキャリアパスを振り返っていただきたいと思います。

彼らの実践的なキャリア構築を知ることで、「自律的にキャリアをつくる」ためのヒントを見つけ出せると思うからです。

そして、気づいてもらいたいことは、自律的にキャリアをつくるために大切なものは、「キャリア観」を明確にしていくことであるということ。そして、それはコンサルタントという職業に限ったことではなく、すべてのビジネスパーソンに共通するものでもあるのです。

それを理解した上で、４名のコンサルタントのキャリア構築術を参考にしてください。

ベースにある思いを持ち続ける／Kさんの場合

◆世の中に安泰な仕事などない

最初に紹介するKさんは、長年、経営コンサルタントとして国内外の大手・中堅企業に事業改革や海外展開、M&Aなどの戦略策定に関するコンサルティングを行ってきた方で、大学や金融庁など公的機関の研究プロジェクトにもメンバーとして参画しています。新卒で銀行系シンクタンクのコンサルティング部門に入った後、外資系コンサルティングファーム、証券系シンクタンク、そして現在は、弊社・マネジメントソリューションズと数回の転職を経験していますが、一貫してコンサルタントとしてキャリアを重ねてきました。いわば、王道のキャリアパスといえます。

では、そもそも新卒のときにコンサルタントという仕事を選んだ理由は何だったのでしょうか？　きっかけは、高校から大学にかけて経験した歴史的な出来事が大きく影響したようです。

「大学生のときに東西冷戦が終結し、ベルリンの壁が壊されました。国内でもバブル経済が崩壊……。それまで当たり前だと思っていたもの、ずっと続くと思っていたことが、決してそうではない。そう感じたとき、『一つのレールに乗っかっていけば大丈夫という世の中ではなくなった』という漠然とした不安のようなものがわいてきたんです」

良い大学を出て大企業に就職すれば、一生安泰に暮らしていけるという、当時の価値観に疑問を感じ始めたとき、大前研一さんの本を読んで『会社に縛られない独自のポリシーを持ったコンサルタントという働き方がある』ことを知ったといいます。

「一つの会社の組織理論で動いたり、社内での出世に拘泥したりするのではなく、世の中の変化に対応しながら社会に貢献できるのが、コンサルタントという仕事。そう感じたことがキャリア選択に大きく影響しました」

◆高度な知識と専門性を大学院で

銀行系シンクタンクで、中堅・中小企業を対象とした業務改革に携わる中、高度な知識や専門性が不可欠であることを痛感したKさんは、働きながら大学院へ進学することを決意します。

大学院では、シンクタンクでの業務を通じて関心を持った国際経済法や国際金融法などを学ぶうちに、その面白さに目覚め、博士課程にまで進みました。そのとき、学者の道も頭をよぎったといいます。

「大学に残って、このまま学問を追究してもいいかな、と。それほど学んだ分野は魅力的なものでした。しかし一方で、自分の興味や関心を追い続けることだけが、自分のやりたいことなのかという疑問も感じたのです。激しく変化する時代にあって、どう社会に役立っていくのか、そのときの時代にあった価値を自分はどう提供していくのかを考えたとき、自分がやりたいことは学者という道よりも、コンサルタントという仕事の延長線上にあると思えたのです。だから、大学院で学んだ知識と変化し続ける社会のニーズを融合させて、実社会の中で自分にしかできない価値を提供していくことを選びました」

このとき以来、キャリアに迷ったり、何かを選択しなければならなかったりしたとき、「コンサルタントとして常にどう生きていくか、どう社会に役立っていくか」ということを繰り返し考えたそうです。その結果、「時代が変わっても、それに流されることなく、沈まずに前へ進むことができた」のだと振り返ります。

◆多様な経験で得る知恵が重要

Kさんは、コンサルタントになるために必要なものの一つとして、「クライアントの課題を『自分のこととしてとらえて解決へ導く姿勢』の大切さ」を挙げます。

「コンサルタントは、客観的な立場から課題を分析し、冷静に対策を提示する必要がありますが、クライアントの課題を他人事ととらえている限り、その本質は見えてきません。結果、対策も表面的なものに終始するなど、根本的な解決に至らないことが多々あります。そのため、クライアントの立場からというよりも、クライアントそのものになったつもりで、課題と向き合うことが大切です。そうして見えてきた課題の本質に対して客観的な視点から分析・解決策を考えればいいのです」

ただし、本質的な課題を見抜くにも、課題に対する解決策を考え出すにも、幅広い知見や経験、視野が欠かせないと続けます。

「クライアントが求めているのは、自社の論理や業界の論理ではないアプローチです。自社の事業領域であれば、コンサルタントも及ばないほど豊富な経験や知識を持っており、深く考えてもいます。そのようなクライアントに対して有効な提案をし、課題解決へ導くためには、知識そのものというよりも、多様な経験で得た知恵が重要だと考えています。そのために多くの人と接し、幅広い経験や知識を吸収し続けることが不可欠です。これは、なかなかにしんどいことです。大きな組織に属して、その論理に従って口々を送るほうが、どれほど楽かと考えるときもあります。しかし、クライアントの求めに対して価値を提供することで応えること、その延長として社会の役に立つことという自分の根っこを持ち続けるためには、決して疎かにはできないことだとも自覚しています」

◆会社を変えられる存在に

次に登場するAさんは、事業会社の社員からコンサルタントへ転職しました。これも、コンサルタントのキャリアパスとしてはよくあるケースです。

「新卒で入社した大手エンジニアリング会社に10年以上勤務し、エンジニアからプロジェクトエンジニアというポジションで、設計から建設までをマネジメントする役割を務めるまでになっていたのですが、『このままここで仕事を続けていても会社を変えられるような存在にはなれない』と思ったのです。もっと経営から携われる仕事がしたい、いろいろな会社の経営課題を解決するプロになりたいと。また、当時も決して安くない給料をいただいていましたが、安全とは言い切れない開発途上国に何カ月も駐在して石油プラントや化学プラントを建設する危険を考えると割に合わない気もしていました。それで、コンサルタントへの転職を決意しました」

エンジニアリング会社とは、プラントなどの建設を取り仕切る会社で、プロジェクトエンジニアとは、プロジェクトマネージャーの下で全体方針の策定や、ヒト・モノ・カネの管理をして、プロジェクトがスムーズに進むための方向付けや調整を行ったりするポジションのことです。

大手エンジニアリング会社が手がける工事は、数百億円から数千億円というビッグプロジェクトも珍しくなく、生活インフラも満足に整っていない僻地で、世界各国から材料を調達し、これまた各国から集められた工事会社を管理しながら施工期間内で工事を終えるのは、大変な困難を伴います。そのプロジェクトマネジメントを担うわけですから、かなりの激務だったはずですが、「コンサルタントがこれほど大変だったとは想像もしていなかった」

そうです。

「徹夜は当たり前。しかも、一時踏ん張れば楽になるわけではなく、仕事が次々と入ってくるため、終わりが見えない。体がボロボロになりました。でも、個人的な理由で退社した私を温かく送り出してくれた前職の仲間たちの手前、おめおめと尻尾を巻いて逃げるわけにもいきません。半ば意地で続けていたようなものでした」

意地の頑張りの甲斐あって、コンサルタントとしてのスキルは経験に比例して向上し、「会社を変えられる人間」に近づいている実感があったそうです。会社に属してはいても、その人自身の存在意義が常に問われるのがコンサルタントの仕事。

「自分というリソースを最大限に使い倒すことで、かなりのスピードで成長できたことは幸せでした。事業会社にいたときよりも、自分の力で生きていく自信もつきました。そして、何より、共に苦しみを乗り越えたかけがえのない仲間ができたことは、大きな財産です」

◆『もしドラ』で気づいた充実感

外資系コンサルティングファームへ転職してからの激務は想像を超えていたそうですが、それでも、現場でクライアントの課題と直接向き合い、クライアントの担当者を巻き込みながら課題解決へ向けて伴走していたときは、充実していました。プロジェクトが成功し、クライアントに喜んでもらえたときは、心底喜びを感じられたとも。しかし、本社勤務となり、現場から離れたポジションを務めるようになってからは、充実感を得難くなっていたといいます。

「この先、この生活を続けていくことに疑問を持ちつつも、自分の次のステージを見つけられませんでした。コンサルタントの経験を活かして、もう一度、事業会社で働こうかと転職先を探してみたり、何のために仕事をするのか納得いく答えを得るために、小学生の頃まで記憶を遡って自分の棚卸しもしてみました。しかし、事業会社へ戻って、いったい何がしたいのかわかりません。頭に浮かぶのは、『結局のところ、アドバイザーであるコンサルタントでは、最終的に決断する事業会社の醍醐味は味わえない』といった言い訳のような思いばかりで、コンサルタントをやめる理由を探していたような状態でした」

この考えが180度変わるきっかけとなったのが、『もし高校野球の女子マネージャーがドラッカーの『マネジメント』を読んだら』（岩崎夏海著・ダイヤモンド社）だったといいます。

「読みながら涙がボロボロこぼれてきて。自分の価値観がどこにあるのか、それまでぼんやりしていたものがはっきり見えた気がしたのです。仲間とゴールに向かって苦しみを分かち合いながら達成するプロセスが好きなのだと。エンジニアリング会社でプロジェクトメンバーと一緒に汗を流していたときに感じていた楽しさや、コンサルタントとしてクライアントと直接向き合いながら課題解決に打ち込んでいたときの充実感の理由がストンと胸に落ちた瞬間でした」

◆大切にしたい仕事の価値観は何か？

Aさんは現在、弊社・マネジメントソリューションズの一員となっています。入社を決めた理由は、ようやく気づいた自分の価値観と事業スタイルが合致していたからです。

「マネジメントソリューションズは、PMOに携わっています。まさに、プロジェクトメンバーらと真剣に向き合いながら、プロジェクトを成功へと導くための支援ができる仕事です。それに、クライアントの求めに仕事量だけで応えるのは違うという社長の考えにも共感しました。自分の好きなプロジェクトマネジメントに特化して、新たなビジネスをつくっていきたいとも思えました。この会社と出合うことができたのも、自分の価値観に気づき、どのようにキャリアをつくればいいのか、その方向性が見えてきたからです」

Ａさんがはっきりとしたキャリア観に気づいたのは40代と、決して早くはありません。だからこそ、若い人には少しでも早く気づいて、最短距離で自らが望むキャリアを重ねてほしいと続けます。

「私は、忙しさにかまけて自分のキャリアマネジメントについて考えることをおろそかにしてきました。誰かに負けたくないとか、誰かに認められたいと思い、目の前の仕事に全力を傾けてきた側面が強いのですが、それが悪いことばかりだとは思っていません。そのおかげで今の自分があるのも事実ですし、自分が選んだ道で着実に成長してきたと思っています。しかし、どこかのタイミングで立ち止まり、真剣に自分探しをする時間をつくってもよかったと感じています。自分が大切に思う価値観は、結局、自分の人生の中にしかありませんから」

己の人生に責任を持つ／Sさんの場合

◆人の問題を解決したい

新卒で大手SIer（システムインテグレーター）に入社したSさんは、20代後半でMBA取得のために2年間留学しました。これが、キャリア観に変化を生む転機となったそうです。Sさんは、有名私立中学校への進学から大手企業への就職までは親が敷いたレールの延長線上で、入社後は会社が描いたキャリアパスに乗っていただけだったと振り返ります。

『世の中を変えたい』とか、『人の問題を解決したい』という思いは大学時代からありました。コンピュータにその可能性を感じ、多くの友人が大手金融機関や商社に就職する中、当時、それほど普及していなかったITの世界へ勇気をもって飛び込んだという自負もあります。しかし、キャリアマネジメントという観点からいえば、あまりにも拙いものでしかありませんでした。正直なところ、自分でキャリアをつくるといった考えはなかったように思います。そんなとき、留学先で日本の画一化されたキャリア選択とは異なる生き方があることを知ったのです」

ＭＢＡという武器を手に入れ、会社の中で、または会社の外へ飛び出して自分の思い描くキャリアを歩もうと、ごく自然に考える仲間たちにおおいに刺激を受けて帰国したのです。

「帰国して仕事を進める中で、徐々に開発側ではなく、ユーザー側からシステムと経営に携わりたいという思いが強くなっていきました。人の問題を解決するには、依頼されたシステムを開発する開発者ではなく、必要なシステムの形を描く発注側にいくべきだと考えるようになったからです」

◆会社任せの「20年選手」にはならない

Sさんが転職を真剣に考えた理由には、会社の中にいる「20年選手」「30年選手」と呼ばれるベテラン社員の存在もあったといいます。

「確固たる信念やキャリア観があって、20年、30年、一つの部門でキャリアを積み重ねてきたのであれば、それは素晴らしいことだと思います。しかし、私が見たところ、何となく流されるまま会社が用意したキャリアパスに乗っかった結果、20年、30年過ぎてしまったという人があまりにも多いように、当時は感じられたのです。このタイミングで何もしなければ、自分の人生もああなってしまう……。その危機感は強烈なものがありました。自分でキャリアを選択していれば、たとえ失敗しても自分で責任を取ることができます。少なくとも私の人生はそうでありたいと考えたのです」

人の問題を解決したいという原点に立ち返り、その実現により近づくため、グローバルに事業展開している大手電機メーカーへの転職を選択したのでした。

現在は、コンサルタントとして独立し、ポートフォリオ／プログラム／プロジェクトマネジメント、ビジネスアナリシス、アーキテクチャマネジメントなど、多様なソリューションを駆使して、ビジネス改革や組織改革を支援するSさん。IIBA日本支部理事やIasa日本支部代表理事を歴任するなど、コンサルタントとして実績を重ねていますが、「大切なのは自分の原点であって、コンサルタントはそれを実現する手段でしかない」と言い切ります。

「SE時代も事業会社で働いていたときも、コンサルティングに近い業務に携われたことや、何よりも社外の人とのプロジェクトマネジメントなどの専門コミュニティ活動を通して、自身のスキルレベルや強み弱みを自分なりに理解できていたことで、コンサルタントという看板を掲げて独立してもやっていける自信はありました。しかし、自信だけだったなら、コンサルタントにはなっていません。人の問題を解決するという思いをかなえるのに、現時点でもっとも適した仕事が独立したコンサルタントだったから、この道を選んだのです。将来、より適した仕事が見つかったとき、コンサルタントを続けるかはわかりません。何のために働くのかが大切で、そのためにどの仕事を選ぶのかは、状況に応じて変えればいいのです。それが自律的にキャリアをつくることだと私は考えます」

◆常識を打ち破れば選択肢が広がる

自律的にキャリアをつくるには、大切なことがあるとSさんはいいます。それは、「自分の人生には自分で責任を持つということに、コミットすること」です。

「キャリアを他人任せにしている限り、自分が仕事に何を求めているのか、どのような価値を発揮したいのかなど、真剣に考えることはできません。たとえ失敗しようとも自分で責任を持つと思うからこそ、とことんまで考えることができるのです。私の場合、そのきっかけが留学でした。親や会社任せにしないと決意したことで、それまで常識だと思っていたことは意外に範囲が狭く、その外側にも他の人にとっての常識がたくさんあることに気づけました。すると、キャリア選択の幅はグッと広がっていったのです。だから、覚悟を決めてください。そして、自分はどうしたいのか考えてください。もしかしたら、答えは見つからないかもしれません。しかし、わからないながらも何かしら目標を定めて行動するうちに、自分というものが次第にわかってきます。すると、人と同じではないことを不安に感じることはなくなるはずです。横並びを良しとする日本では、この感覚を養うことも自律的なキャリア構築には大切なことだと思います」

職業ではなく、やりたいことを選ぶ／Ｙさんの場合

◆楽しいことを追求し続ける

現在、大手企業のグローバル変革やチェンジマネジメントなど組織変革分野のコンサルタントとして活躍しているＹさんは、「楽しいことを追求しているうちにコンサルタントになっていた」といいます。

彼女が社会人となりグローバルに事業を展開する外資系ＩＴ関連企業に就職したのは、二十数年前のことでした。当時は、女性が長く働き続けるのは当たり前ではなく、業務系の仕事ではお茶くみのような扱いをうけることがままありました。セールス系に配属され、お客様を訪問してもアシスタントとしか見られないことが多かった時代でもありました。

「そのような風潮に反発する気持ちがどこかにありました。また、常に何かのプロフェッショナルでいたかった。そんな気持ちが仕事に取り組む際の力になっていたのは間違いありません」

また、一生懸命仕事に打ち込むことで、その楽しさを存分に感じることもできたようです。SEとして、プロセスエンジニアリングやソフトウェアエンジニアリングに携わり、ITソリューションをお客様に提供する仕事は新鮮でやりがいを感じられるものだったといいます。

「当時手がけていたサービスは、日本で携わっている人がほとんどいなかったため、自分が積極的に吸収した知識や経験をお客様に伝えるだけでも楽しくて。もっと楽しみたいと、さらに新しい知識を吸収することを繰り返していくうちに成長していけたように思います。ふと気づくと、『チェンジマネジメント（Organizational Change Management＝OCM）』、『グローバル統合プロジェクト』の進め方、『CRM（Customer Relationship

Management)』や『HR（Human Resources)』領域について、人に語れるようになっていました」

◆イノベーティブな発想と実行力

そんな彼女の前向きさは、周囲も認めるところとなり、さまざまなグローバルプロジェクトに抜擢されるようになっていきます。なかでも、とりわけ大きなものが、世界各国に展開している支社や事業所の個々のビジネスプロセスやルール、システム、ガバナンス、コンプライアンスなどの標準化・統合化を進めてグローバル全体での効率性とイノベーションを追求するという、ある有名なグローバル統合プロジェクトでした。彼女は、そこで日本側のまとめ役を果たしたのです。

「十数年前までは、そのようなことに取り組むグローバル企業は他になく、誰かに答えを求めても明確に正解を教えてくれる人などいませんでした。とにかく情報を集めて分析し、自ら発想していくしかない状況に、大きなプレッシャーを感じたものです」

しかし、このときの経験が、コンサルタントになった現在も生きているとYさんは続けます。

「現在のコンサルタントには、誰にも解けないような課題に対してソリューションを組んで解くところまでが求められています。かつての、欧米の新しい理論を持ち込んで披露するだけでコンサルタントを名乗れた時代は終わりました。だから、イノベーティブな発想を求められ、それを実行するところまでやりきってきた経験が強みになっています」

◆常に自身の3年後、5年後を考える

Yさんが社会人になった頃は、「コンサルタント」という言葉すら一般的

ではありませんでした。当然、自らのキャリアとしてコンサルタントを意識することもなく、楽しいと思えることを追求し続けた結果、チェンジマネジメント、グローバル統合プロジェクトの進め方、CRMやHRという「人に語れる分野」ができ、コンサルタントとして求められるスキルが身についていったといいます。そのため、「やりたいことと自分のスキルの総合計が、コンサルタントだったのかもしれない」と語ります。

「この視点は、これからキャリアを築く若い人には大切な発想かもしれません。最近、AIの進歩によって消える職業が取り沙汰されているように、現存する『職業』は、数年後にはなくなっているかもしれません。一方で、数年後に誕生する『職業』は、当然ながら現存してはいないのです。だから、キャリア構築を考えるとき、『職業』を選ぶのではなく、自分のやりたいこと、得意なことを思い切り伸ばしていくことのほうが大切だと思います」

ただし、闇雲に突っ走るのではなく、3年後、5年後の自分を常に考えておくべきだともいいます。

「少し先の未来を見ながら、今、自分は何をすべきなのか考えておかないと、時代に流されていきます。気がつくと思ってもいなかった方向へ進んでしまっているかもしれませんし、なりたかった自分に近づくためのスキルがまるで伸びていなかったなどということもあります。また、成長していくと、目指す方向など、所属している組織と自分の間にズレが生じることがあります。そのとき、自分を調整するのか、組織を調整するのか、常に自分の価値や評価を客観視できていれば、選ぶべき道が見つけやすいかもしれません。振り返ってみれば、私自身、そうしながら、キャリアを自分で切り拓いてきたように思います」

キャリア観の追求によって道を拓く

◆大企業にいれば安心という誤解

登場いただいた4名のコンサルタントに共通していること――それは、コンサルタントという職業を目指していたわけではないということです。「社会に貢献したい」「プロフェッショナルでありたい」といった自分が大切にしている価値観、つまりキャリア観を追求しながらキャリアを選択していった結果、現在、コンサルタントをしているということです。裏を返せば、キャリア観があったから自律的にキャリアをつくることができたともいえます。

彼らが社会人として過ごしてきた時代は、決して自律的にキャリア形成がしやすい世の中ではなかったはずです。年功序列や終身雇用が色濃く残り、

「30歳で係長、40歳で課長」などというように、自分のキャリアは会社や所属する組織がつくってくれるものでした。そのため、大企業の社員や公務員になれば、一生安泰で自分のキャリアのことなど考える必要がなかったのです。

しかし、現在は違います。年功序列や終身雇用は崩れ、雇用形態も正社員や契約社員、派遣社員など多様化している上、ベンチャー企業やＮＰＯ法人、海外法人など、働く場所も広がっています。これだけ選択肢が広がってくると、自らキャリアをつくる意思を持たない限り、何者にもなれない可能性が高くなります。かつてのようにキャリア形成を会社任せにしていると、放り出されたときに「自分」の評価につながる武器を何一つ持っていなかったということになってしまいます。

そうならないためには、自律的なキャリアマネジメントが重要です。そして、その前提となる自身のキャリア観の醸成が大切になってきます。

◆職業選択肢を広げ、望みを実現する

先に紹介した独立性の高い職業はもちろんのこと、サラリーパーソンであっても、キャリア観を持っているのといないのとでは、自己成長の度合いが違ってきます。優秀な人材と認められれば、社内におけるキャリアパスの選択肢は広がるはずです。将来、転職を考えたときのマーケットバリューにも大きな差が生まれるのは間違いありません。「希望の業界、職種へ転職したい」「もっと稼げるようになりたい」といった望みを実現できる可能性は確実に高くなります。

とはいえ、キャリア観を形成するには、キャリアマネジメントの知識とちょっとしたコツが必要になります。そこで次章からは、キャリアマネジメントについて、詳しく説明していきたいと思います。

◀◀◀◀ 「自らキャリアをつくる意思を持たない限り、何者にもなれない」 ◀◀◀◀◀

第5章

コンサルタントになるか、ならぬか?

「キャリアマネジメント」実践講座

キャリア観を構成する3つの要素を覚えよう！

◆「やりたいこと」「できること」「充実していること」

自らのキャリアをマネジメントするためには、自身の「キャリア観」を把握する必要があります。ましてやコンサルタントを目指そうと思っている方には大切なことです。それには、まず次の3つを明らかにしなければなりません。

❶『やりたいこと（目標・目的）』
❷『できること（才能・能力）』
❸『充実していること（意味・価値観）』

目指すべきところと現在地が明確になっているほど、〝今〟何をするべきなのかがわかりやすくなり、結果的に目標・目的を達成しやすくなるからです。また、自分の価値観を把握していれば、モチベーションを上げる術がわかり、学ぶこと、吸収することに貪欲になれます。

おおげさな表現をするなら、キャリア観とは、人生という大海原を航海するときの海図とコンパスのようなものだといえます。

また、ここでいう「目標・目的」は、仕事に限定する必要はありません。「家族との時間を大切に、幸せな家庭をつくる」といったプライベートな目標でも構いませんし、社会貢献など、公を意識したものでもいいでしょう。どのような目標・目的だったとしても、その実現には、仕事が関係してくるため、「自分にとって仕事はどのような位置づけにあり、どのような働き方をするべきなのか」を真剣に考える必要があるからです。たとえば、家族との時間を大切にしたい前者のケースなら、家族との時間を確保するため勤務時間に融通が利く仕事を選ぶ必要があるかもしれませんし、家族にとっての〝幸せ〟を実現するために必要な収入についても考えなければなりません。

こういったことを掘り下げていく過程で、自分は仕事に何を求めているのか、どのような働き方ができれば満足できるのかといったことも見えてくるはずです。

◆転職に失敗するタイプとは？

キャリア観が曖昧なままだと、どうなるのか？　それを如実に示してくれるのが、「転職」です。昔に比べて、転職に対する抵抗感はかなり薄れ、やりがいや収入、職場環境などを改善するため、ステップアップするために、転職という手段を選択する人が増えています。ただし、当たり前のことですが、転職すれば状況が好転すると決まっているわけではありません。転職に失敗して、前職よりも仕事内容や待遇面で不満を抱えるケースが少なくないのが現実です。

このとき転職の成功と失敗を分ける大きな要因の一つが、キャリア観の有無です。そのことを理解してもらうためにも、転職に失敗しがちな人の例をいくつか紹介しましょう。あなたにも思い当たるところがないか考えてみてください。

●『隣の芝生は青く見える』タイプ

どのような仕事であっても働いていれば、辛いことや苦しいことはありません。そんなとき、仕事で接するお客様が楽しそうに働いている姿を目にすると、そちらのほうが良く見えてくるものです。

しかし、それだけで転職を考えていいものでしょうか。曖昧な動機は面接で見抜かれてしまい、採用されるとは思えません。仮に、面接官の目をごまかして転職できたとしても、再び辛い状況になれば同じように隣の芝生が青く見え、また転職したくなってしまいます。

転職を成功させるには、自分は「何をやりたいのか」をはっきりさせることが大切です。そこが明確であれば、多少辛い状況に陥ったとしても耐えることができます。

●『自分を過大評価している』タイプ

多くの人が、転職を機に収入をアップさせたいと考えると思います。そのこと自体は決して悪いことではありませんが、転職希望者の中には、何の根拠もなく、年収アップを要求する人がいます。その際の理由としてありがちなのが、「私は会社から正当に評価されていない」というものです。環境さえ与えられれば、もっと結果を出せるといいたいのでしょう。しかし、多くの場合、会社の評価は妥当なもので、転職市場におけるその人の価値とも大きな誤差はありません。実際、面接のときに「年収を100万円アップしてあなたを採用する当社のメリットを教えてください」と質問すると、明確に答えることのできる人はほとんどいません。もし、自分には「何ができるのか」について、実績や実例をまじえて客観的に分析できていれば、この質問にも論理立てて答えることができるはずです。

●『自信がなさすぎる』タイプ

謙虚な姿勢は、どこの企業でも求められる資質です。しかし、度が過ぎると、謙虚ではなく、自信がないように見えてしまいます。そういう人は、往々にして過去の実績についても主体的にとらえきれていないため、強みや成功体験を質問しても通り一遍の答えしか返ってきません。このタイプに多いのが、「何に充実感を得るのか」という自分の価値観が曖昧な人です。

果たして、企業がそのような人を欲しいと思うでしょうか。企業としては、着実に成果を出してもらえる人や、リーダーシップを発揮して、チームをまとめ成果を最大化できる人などを求めています。自分に自信が持てず、強みなどをしっかりとアピールできない人は頼りなく映り、採用を見送るほうへ傾いたとしても仕方ありません。

「何をやりたいのか」「何ができるのか」「何に充実感を得るのか」という3要素についてしっかりと考え、はっきりさせておくことの大切さを多少なりともわかってもらえたと思います。

では、あなたは自分のキャリア観をどの程度把握しているでしょうか？

次項を参考に、自分の棚卸しをしてみてください。

自分の現状を把握しよう！

◆過去と現在の振り返りで「やりたいこと」を整理する

「将来の夢や目標があるか？」と問われて、パッと思いつきますか？　もし、思いつかないときは、過去の自分を振り返ってください。小学生の頃、中学生、高校生、大学生の頃、将来、どのような職業に就きたかったのか、どのような大人（人間）になりたいと思っていたのか記憶をたぐってみるのです。「三つ子の魂百まで」などというように、若い頃に抱いていた思いをあらためて振り返ってみると、自分がなりたいもの、目指すべき道のヒントが見つかるかもしれません。

現在、自分が何のために働いているのか、紙に書き出してみるのも効果的です。ポイントは、一つに絞るのではなく、思いつく限り書き出してみることです。手を動かして紙に書いたものを読みなおすことで、働く目的やそれぞれの優先度が頭の中で整理されていきます。

また、最近うれしかったことを考えてもいいでしょう。お客様の満足そうな様子を見てうれしかったのか、プロジェクトが成功して会社に貢献できたことがうれしかったのか、仲間と同じ目標に向かって努力を重ねたことがうれしかったのか。自分が何にもっとも喜びを感じるのかがわかってくると、将来やりたい仕事の方向性も見えてきます。

すでに具体的な将来の目標があるなら、それを実現するために、目標から逆算して5年後、3年後、1年後、どのような自分になっている必要があるかを具体的に考えてみます。まず目標を達成するために必要な条件・スキルなどを最終目標の横に書き出し、すでに持っているもの、まだ手に入れていないものに分けていきます。そのうち自分にないものを身につけるため、どのようなキャリアや経験が必要かを考えれば、どのタイミングまでに何をしておくべきかがわかり、具体的な計画を立てることが可能です。

どうしても、やりたいことがはっきりしてこない場合でもあきらめないでください。漠然とした夢のようなものでもかまいません。後ほど紹介する「できること」や「充実していること」と組み合わせることで、朧げながらもキャリアの方向性を考えることができるからです。

「やりたいこと」は、岬に立っている灯台のようなものだと考えてください。航海する際、迷子にならないための目印のようなものです。そこだけは見失わず、「好奇心を広く持つこと」「努力を惜しまず継続すること」「ある程度の楽観性を持って成功を信じ続けること」「柔軟に現実を受け止め、対応すること」「リスク・テイクの気持ちで行動を起こすこと」という5つを心がけていれば、ある日、自分のキャリア観がはっきり見える日がやってきます。

◆強みと弱みを3つ挙げて「できること」を掴む

仕事における「できること」を明らかにするには、自分の強みと弱み、そして、そのことを説明できる実例や実績を考えることです。

具体的な手順としては、まず自分の強みと弱みを3つ挙げ、紙に書き出してください。一つ、2つではなく、3つというところがポイントです。2つくらいであれば、パッと思いつくでしょうが、3つ挙げるとなると、過去の仕事ぶりや仕事に向き合ったときにどのようなことを考えていたのか、つぶさに振り返る必要があり、より深く自分を理解できるからです。

次に強みや弱みを裏付ける実例、実績をできるだけ具体的に書き出します。たとえば、「納期まで余裕のないシステム開発プロジェクトを担当した際、日々の作業内容と進捗状況を毎日書き出し、ズレを確認。プロジェクトメンバーとのコミュニケーションを密にして、ミスにつながりそうな危うい状況をいち早く察知するよう努めた。これによって開発期間を1週間短縮し、納品前のテストに時間を割くことで、納品後のトラブルを未然に防ぐことに成功。お客様にも満足いただけた」から「段取り力がある」といったように、強み・弱みをロジカルに分析できるようになるはずです。

ここまでの作業でわかるのは主観的な強みや弱みですが、周りも同じように評価しているとは限りません。そこで、客観的に自分を分析するべく、周りにいる友人や会社の上司、同僚など、あなたの仕事ぶりを理解している人にも、あなたの強み・弱みと、そう思った根拠を聞いてみましょう。日本人は、自分を過小評価する傾向が強いため、せっかく強みとして打ち出せるものを持ちながら、自分ではそうと気づいていない可能性があります。逆に、自分を過大評価している場合も周りの指摘を参考にすることで是正することができます。

主観的な評価と客観的評価が食い違った場合は、客観的評価を優先したほうが、市場の評価により近い分析ができます。

どのようなものを強みや弱みと考えればいいのか、よくわからないという人は、次に挙げる21の要素で自分を分析してみてください。

1 頭の回転の速さ

2 発想力

3 段取り力

4 向上心

5 行動力

6 表現力
7 話し上手・下手
8 聞き上手・下手
9 親切さ
10 リーダー気質
11 空気が読める
12 情報ツウ
13 根性
14 責任感
15 プライド
16 自信家
17 頑固さ
18 真面目さ
19 慎重さ
20 謙虚さ
21 率直さ

それぞれの要素が自分にあてはまるのか、あてはまらないのか。あてはまるなら、その度合いはどの程度か考えるだけでも、かなり自分のことを理解できるはずです。

◆ライフラインを作成して「充実していること」を確認する

「充実していること」を知るための方法はいくつかあります。「やりたいこと」を探る方法として紹介した、「最近うれしかったことを考えること」もその一つです。ただ、より深く自分を知るには、自分が何に幸せを感じ、何を辛いと思うのかを半生にわたって振り返ることができる、「ライフライン」を活用するのが効果的です。これは、生まれてから現在までに起こった出来事と、それに対する自分の主観的な満足度（充実度）の高低をラインチャートで表現したものです。

さっそくつくり方を説明します。大きめの紙を用意してください。真ん中のあたりに横線を引き、紙の上側に「幸せに感じた出来事」を、下側に「辛いと感じた出来事」を書き込めるようにします。

次に、記憶をさかのぼり、過去のさまざまな出来事やターニングポイント、自分にとっての事件などを思い出していきます。そのうち、もっとも古い記憶から順に、幸せを感じたのか、辛いと感じたのか、なぜそう感じたのかを考え、幸福感、辛さの程度を1～50の間で数値化してください。その数値に従って、出来事に高低をつけながら記入していきます。その際、端的な文章でわかりやすく記入することを意識すると、考えを整理しやすくなります。

すべて書き出せたら線で結んでください。これまでの人生で、自分がどのようなことに心を大きく動かしてきたのかがわかり、自分の価値観を視覚的につかむことができるはずです。

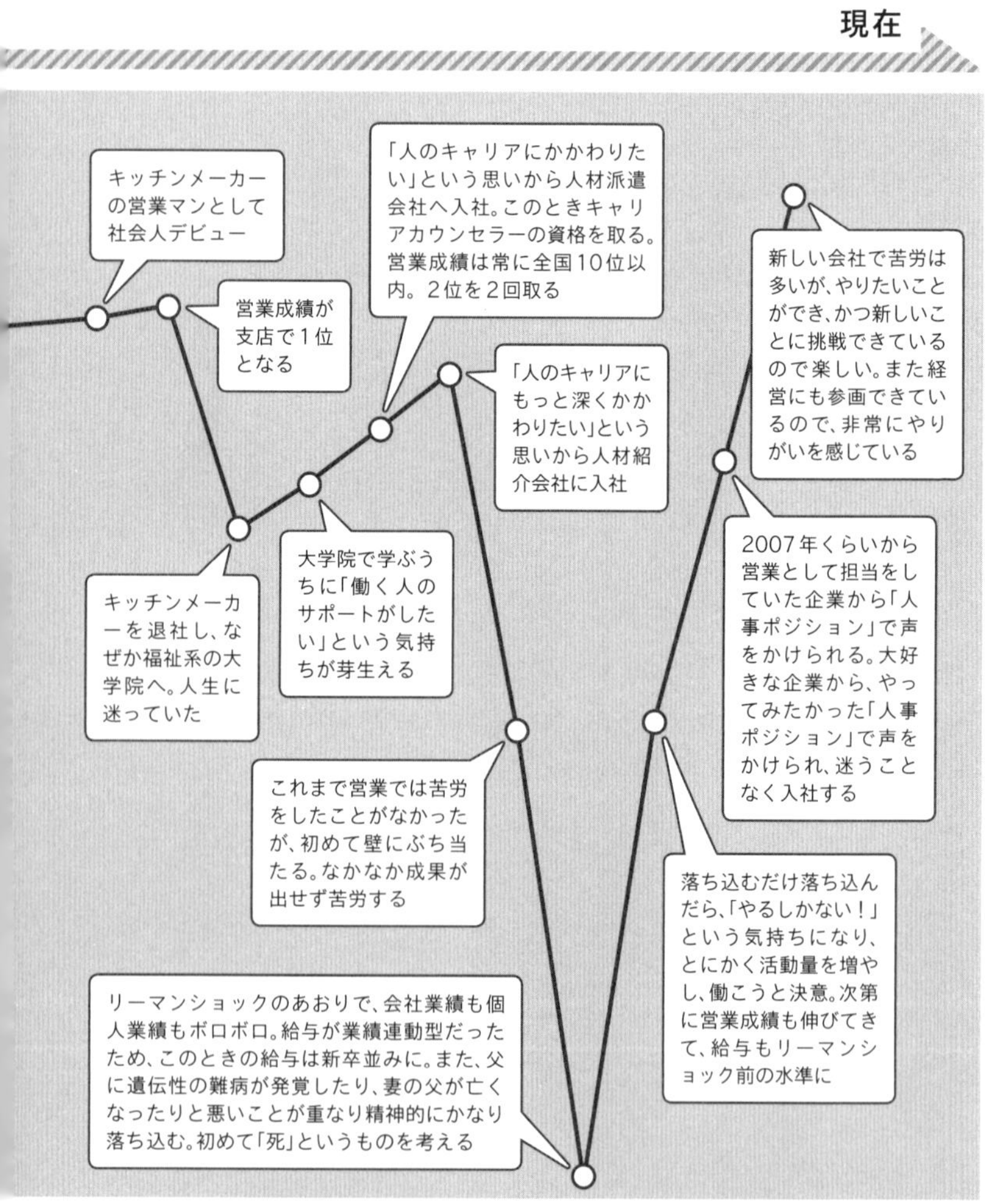

1～50の間で数値化しながら、それぞれの年月にあたるポジションに書き込んでいきます。すべて書き出して、線で結べば完成です。それを、じっくり見直せば、これまでの人生で、自分がどのようなことに心を大きく動かしてきたのかが改めてわかり、自分の価値観を視覚的につかむことができるようになります。上記の作成例を参考にして、ご自身でもチャレンジしてみてください。

ライフライン

過去

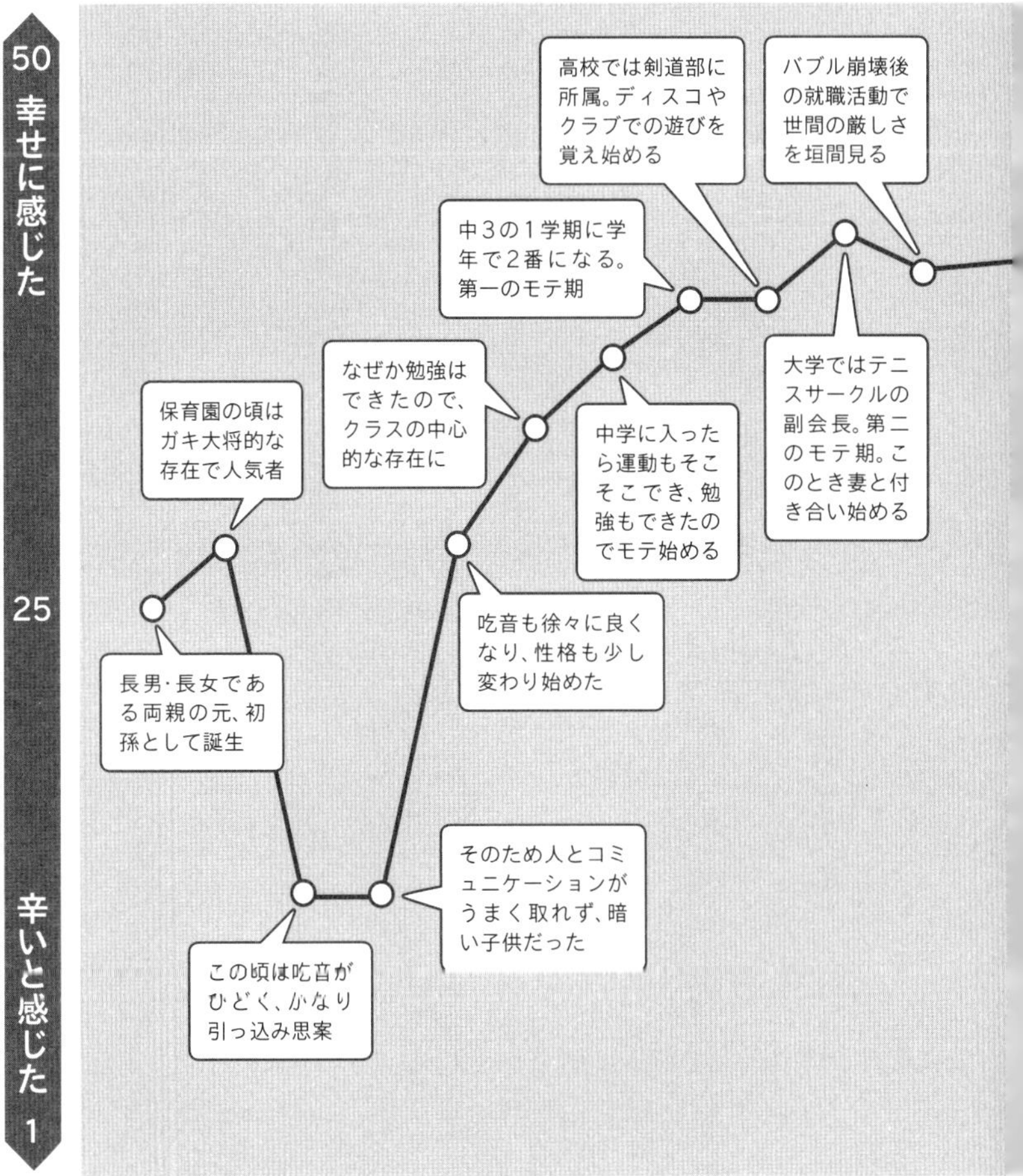

「ライフライン」は、生まれてから現在までに起こった出来事と、それに対する自分の主観的な満足度（充実度）の高低をラインチャートで表現するものです。横軸は左から右に「過去から現在」を表し、縦軸は、上部が「幸せに感じた出来事」、下部が「辛いと感じた出来事」を表します。記憶をさかのぼり、今までの人生でのターニングポイントや、自分にとっての事件などを思い出して、「幸福感」と「辛さの程度」を

この価値観をベースに、「自分が生きていく上で大切にしていることは何か」「何のために働くのか」についてじっくり考えてみてください。思い浮かぶものがあれば、「なぜ、そう思ったのか?」と3~5回問い直して、考えを深掘りしていきます。

◆3要素から自身の軸を見つけ出そう!

ここまで、「やりたいこと」「できること」「充実していること」を明らかにするための方法を紹介してきましたが、これらを試しても、3要素すべてがはっきりすることは少ないかもしれません。

3要素の中で、「できること」は、比較的明確になりやすいかもしれませんが、社会へ出て日が浅い若い人は、特に「やりたいこと」と「充実していること」はわかりづらいと思います。

でも、不安になる必要はありませんし、自分を偽ってもいない答えをひねり出す必要もありません。どれか一つでも、譲れない大切なものが見つかれば、転職など、人生の転機に遭遇したときでも、大きく間違ったキャリア選択をすることはないはずだからです。

そして、それを軸に目の前の仕事と真剣に向き合ううちに、曖昧だったキャリア観のその他の部分も明確になっていくはずです。ですから、まずは自分のキャリア観の現在地を素直に受け入れるところからスタートしてください。

さて、ここまでの準備ができたら、次項にある「キャリアマネジメント自己分析表」を使って、現時点での自身のキャリア観を調べてみましょう。

「自己分析」テストにチャレンジしよう！

◆キャリア観は5タイプ。あなたはどのタイプ？

自身の棚卸し結果に従って、131ページにある「キャリアマネジメント自己分析表」の18の設問に答えてください。その回答から、現時点でのあなたのキャリア観が明確になっていきます。

設問の回答については、以下を参照ください。

「動機・欲求（やりたいこと）」での夢や目標が『明確にある』と『なんとなくはある』の境界は感覚的なものなので、はっきりとした線引きができるわけではありませんが、たとえるなら、「英語を活用して海外で働きたい」と考えている場合は『なんとなくはある』、より具体的に「商社で営業としてグローバルに活躍したい」と考えるなら『明確にある』を選ぶイメージです。

「才能・能力（できること）」の設問『これまでのキャリアで、具体的な実績が挙げられる』での具体的な実績とは、数字で表せる実績を指します。たとえば、コンサルタントなら「営業支援によって部門売上を○%増加させた」とか、営業であれば「年間売上○%増加」、人事なら「内定受託率○%向上」などといった具合です。

成功体験や失敗体験については、その体験からどのような教訓を得たのかまで言語化できているかどうかが、『明確に言える』と『なんとなく言える』の判断基準になります。

さあ、「自己分析」にチャレンジしてください。

すべての設問に答えたら、回答に応じて0〜3点の点数がつきます。「やりたいこと」「できること」「充実していること」それぞれの合計点を計算して133ページのレーダーチャートに書き込み、線で結んでみましょう。円の中に三角形ができあがるはずです。その形が、現在のあなたのキャリア観を表しています。

三角形が二等辺三角形に近く頂角が「やりたいこと」なら、①「やりたいこと優位型」。頂角が「できること」なら、②「できること優位型」。頂角が「充実していること」なら、③「充実していること優位型」となり、正三角形に近いと、④「バランス型（低）」か、⑤「バランス型（高）」となります。

ちなみに、頂角にあたる要素が12点以上、その他が6点以下の場合を「優位型」としています。

キャリアマネジメント自己分析表

	設問	3点	2点	0点	点数
動機・欲求（やりたいこと）	① 将来の夢がある	明確にある	なんとなくはある	まったくない	
	② 20年後の目標がある	明確にある	なんとなくはある	まったくない	
	③ 10年後の目標がある	明確にある	なんとなくはある	まったくない	
	④ 5年後の目標がある	明確にある	なんとなくはある	まったくない	
	⑤ 3年後の目標がある	明確にある	なんとなくはある	まったくない	
	⑥ 半年〜1年後の目標がある	明確にある	なんとなくはある	まったくない	
				合計	
才能・能力（できること）	⑦ 自分のキャリア上の長所・強みを5つ以上言える	3つ以上言える	2つは言える	1つは言える	
	⑧ 自分のキャリア上の短所・弱みを3つ以上言える	3つ以上言える	2つは言える	1つは言える	
	⑨ これまでのキャリアで、具体的な実績が挙げられる	明確に言える	なんとなく言える	言えるが自信がない	
	⑩ 成功体験がある	明確に言える	なんとなく言える	言えるが自信がない	
	⑪ 失敗体験がある	明確に言える	なんとなく言える	言えるが自信がない	
	⑫ 人に自慢できるプロフェッショナリティがある	明確に言える	なんとなく言える	言えるが自信がない	
				合計	
意味・価値観（充実していること）	⑬ 人生で一番喜んだことは？	明確に言える	なんとなく言える	思い出せない	
	⑭ 人生で一番怒りがこみ上げてきたことは？	明確に言える	なんとなく言える	思い出せない	
	⑮ 人生で一番哀しかったことは？	明確に言える	なんとなく言える	思い出せない	
	⑯ 人生で一番楽しかったことは？	明確に言える	なんとなく言える	思い出せない	
	⑰ 自分が生きていく上で大切にしていることは？	明確に言える	なんとなく言える	ない	
	⑱ 何のために働くか言語化できますか？	明確に言える	なんとなく言える	言えない	
				合計	

18の設問に答えてください。まずは、それぞれの設問に対して自分がどの回答にあたるかを考え、その点数を右端にある点数欄に書き込んでください。たとえば「やりたいこと」の欄で、「英語を活用して海外で働きたい」といった希望がある場合は『なんとなくはある』、より具体的に、「商社で営業としてグローバルに活躍したい」といった志がある場合は『明確にある』の回答を選ぶイメージです。すべての設問に答え終わったら、「やりたいこと」「できること」「充実していること」ごとの合計点数を出してください。

レーダーチャートの5分類

レーダーチャートは、
以下のような5つのタイプに分かれます。

やりたいこと優位型

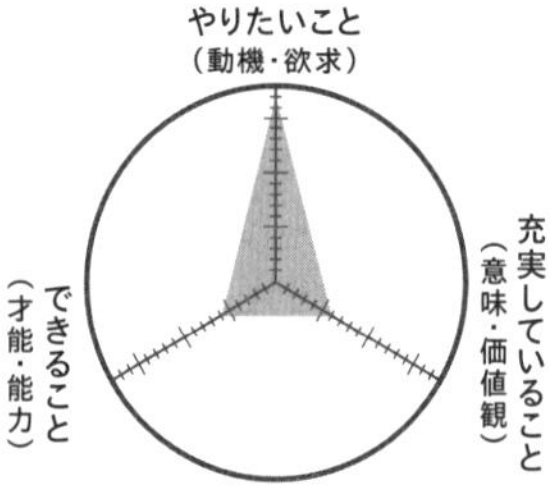

できること優位型

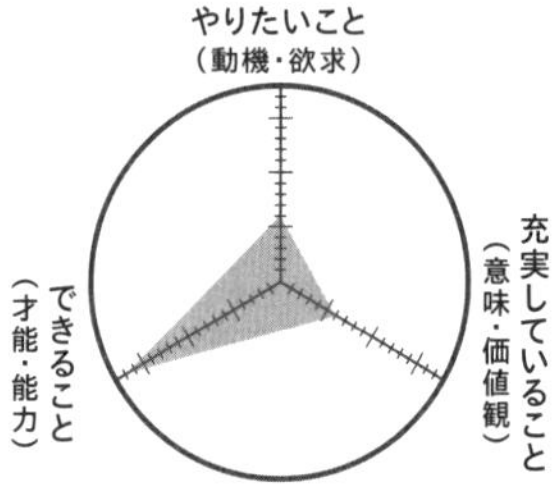

充実していること優位型

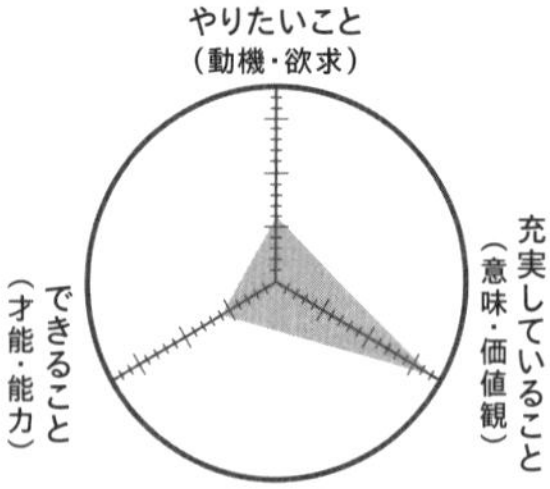

バランス型（低スコア）

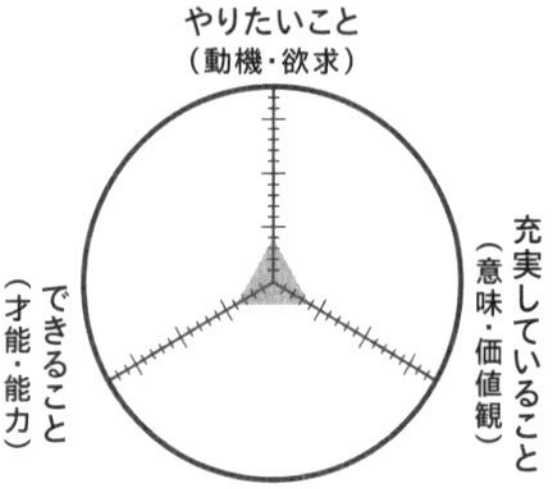

バランス型（高スコア）

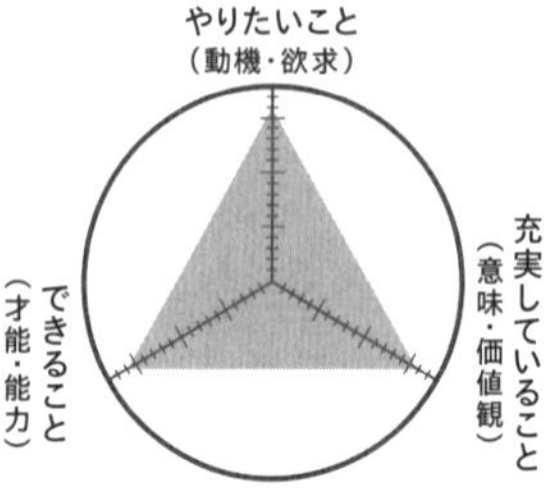

あなたは、
どのタイプに
なりますか？

あなたのキャリア観 レーダーチャート

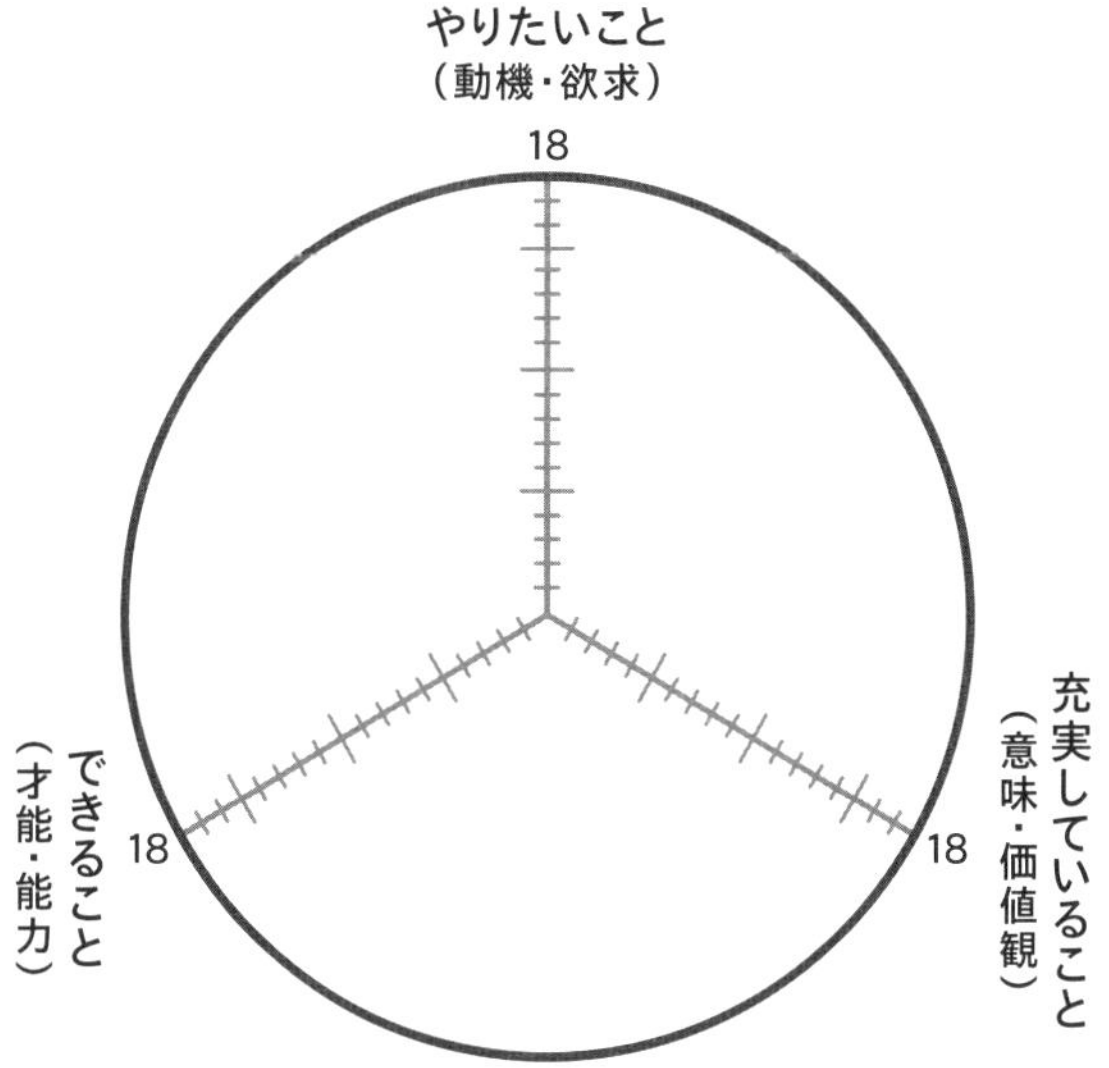

「キャリアマネジメント自己分析表」で、「やりたいこと」「できること」「充実していること」ごとに出した合計点数を、それぞれの軸に書き込み、その点を線で結んでください。円の中に三角形ができあがるはずです。その三角形のカタチが、現時点でのあなたの「キャリア観」を表しています。三角形が二等辺三角形に近く、頂角が「やりたいこと」なら、①「やりたいこと優位型」。頂角が「できること」なら、②「できること優位型」。頂角が「充実していること」なら、③「充実していること優位型」となり、正三角形に近いと、④「バランス型（低）」か、⑤「バランス型（高）」となります。

次のページから、タイプごとの分析と、今後についてのアドバイスを明記しましたので、それを参考に、ご自身の自律的なキャリアマネジメントについて考えてみてください。

◆①「やりたいこと優位型」は、現実逃避の傾向あり!?

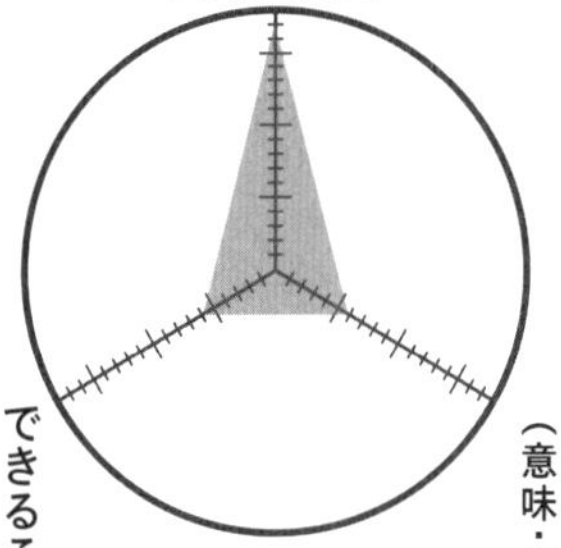

このタイプは、一見、自分が進みたい目標がわかっているので、良いだろうと思うかもしれません。しかし、「できること」が明らかになっていないために、今の自分に何が不足しているのか把握できておらず、目標に到達す

るために何を身につけていけばいいのか、どのような経験を積めばいいのかがわからずに迷走する可能性があります。

また、「充実していること」、つまり、自分の価値観もはっきりしていないので、そもそもやりたいと思っていることの裏付けが希薄です。もしかしたら、今の仕事から逃げたいがために、他の仕事をやりたいことだと勘違いしている可能性すらあります。仮にそうだとすると、転職活動をしても場当たり的になり、キャリアを持続的に成長させていくのは難しいといえます。

ただし、社会人になってそれほど経験を積んでいない20代のうちに、10年後、20年後の目標や目的を明確にしなさいといっても難しいでしょう。仮に、明確な目標を描けたとしても、20代、30代と経験を重ね、さまざまなライフイベントを経るうちに考え方が少しずつ変わっていくかもしれません。そのとき、あらためて自身のキャリアについて考え、目標や目的を変えることは、ある種自然なこととこともいえます。

そのため、20代のうちは、やりたいことは「夢」のような漠然としたものでもかまいません。それよりも、まずは目の前の仕事ときっちり向き合い、成功体験や失敗体験を重ねながら、「できること」を増やして自分を磨いてください。そうしておけば、やりたいことが明確になったとき、その道へ進める可能性を高くすることができます。

◆②「できること優位型」は、〝会社で〟評価される人

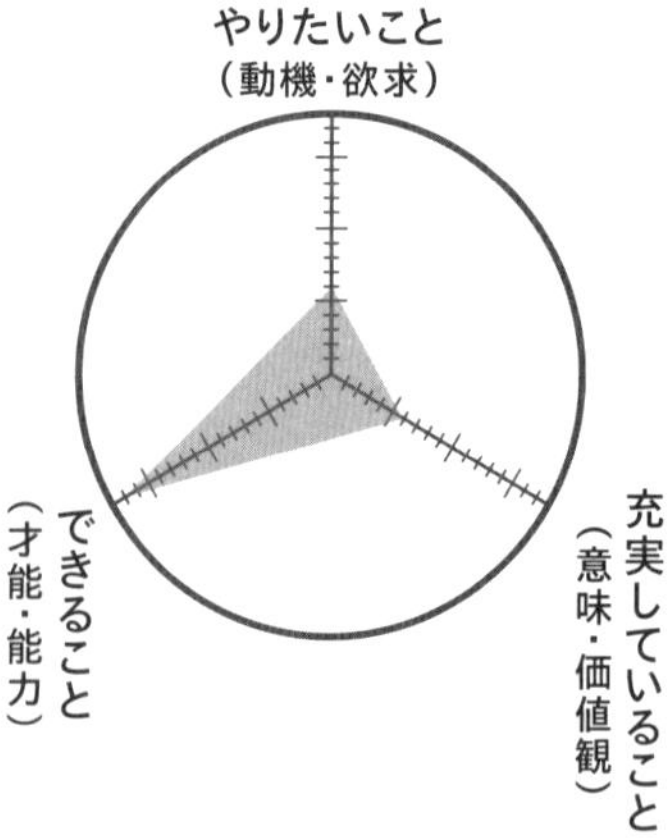

できること優位型の人は、おそらく会社の中で「できる人」だと評価されているケースが多いのではないでしょうか。コツコツと成功体験を積み重ね、成功できた要因を分析・吸収して他のプロジェクトでも再現していく。失敗した場合も、その事実から逃げることなく原因を探り、同じ過ちを繰り返さないように教訓を蓄積し、活かせる。そういったことができる人だと考えられるからです。

また、自身の強みや弱みがわかっているので、どのようなスキルが不足し、何を身につければいいかがわかり、着実に成長していけるタイプでもあります。

しかし、発想が、「今の会社」や「携わっている仕事」という範囲にとどまっているため、今いる場所で学べることがなくなってしまったり、興味の対象がなくなったりすると、モチベーションがガクッと下がる危険性があります。気がつけば、給料をもらうためだけ、生活するためだけに働いているなどということにもなりかねません。お金のためだけに働くことが一概に悪いとはいいませんが、今の生活に満足して収入を維持するだけでいいと考えるようになると、「楽をしよう」「自分の仕事以外は関係ない」と、自ら成長することをやめてしまうかもしれません。

年功序列や終身雇用が当たり前の時代であれば、それでも定年まで生活は保証されていたのでしょうが、現在は違います。自ら成長することを放棄した人が、40代、50代で会社を放り出されると、待っているのは「仕事が見つからない」、見つかっても「給与水準も仕事内容も満足できない」というものになる可能性が非常に高いのです。そのため、20代のうちはできること優位型でかまいませんが、30代の半ばくらいまでにはやりたいこと、充実していることをはっきりさせる努力をしましょう。

◆③「充実していること優位型」は、プライベート重視

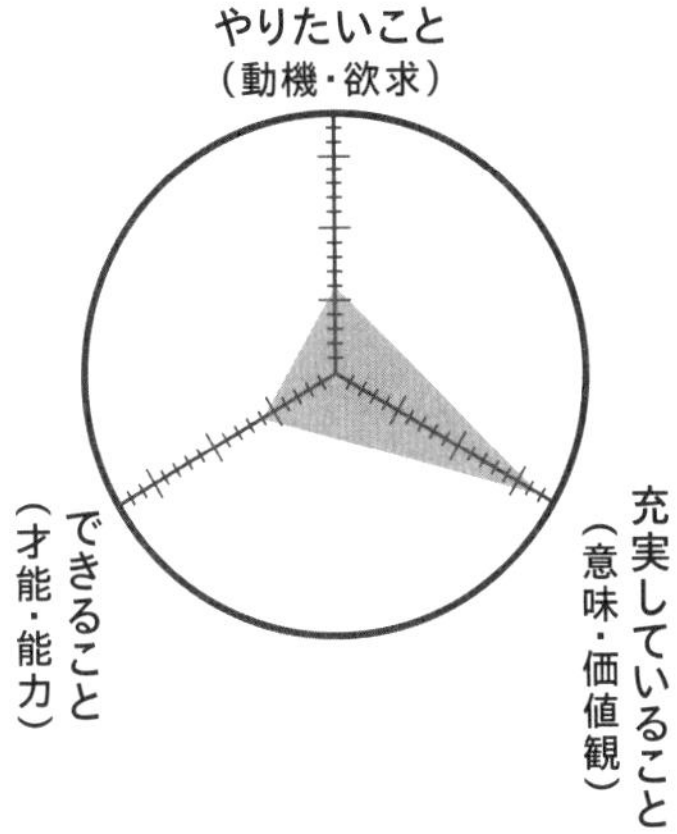

充実していること優位型には、２つの可能性が考えられます。一つは、社会人経験が浅く、仕事上で強烈な喜怒哀楽を経験したことがないために、現時点では仕事で大きな充実感を得ていないケース。もう一つが、社会人経験

は比較的長いものの仕事とプライベートを切り分け、仕事よりもプライベートを重視しているケースです。喜怒哀楽や価値観、生きていく上で大切にしていることは明確なのに、仕事に関しての強みや弱み、成功・失敗体験はぼんやりしているということは、仕事に大きな価値を見出していないと推察できるからです。

前者のケースは、仕事を含め、さまざまな経験を積むことで、自分の価値観がどこにあるのか見極めていけばいいのですが、自律的にキャリアを構築するという観点から考えたとき心配なのは後者です。たとえプライベートであっても、自分の価値観が明らかになると、「働く目的」や「働く意義」も徐々に見えてきて、仕事にハリや面白みが出てくるものです。ところが、仕事に対して自分の考えを深めようとする意思が感じられないというのは、仕事は収入を確保するだけのものだと完全に割り切っているか、もしくは何となく流されるままに働いているかのいずれかだと考えられるからです。このような人は、40代になってからキャリアアップを目指して転職を考えても満足のいく転職は難しいといわざるを得ません。終身雇用の保証などない現代、万が一に備えて、30代までに自分にできることを考え、力を伸ばす努力をしておくことをお勧めします。

◆④「バランス型(低)」は、目の前の仕事に集中

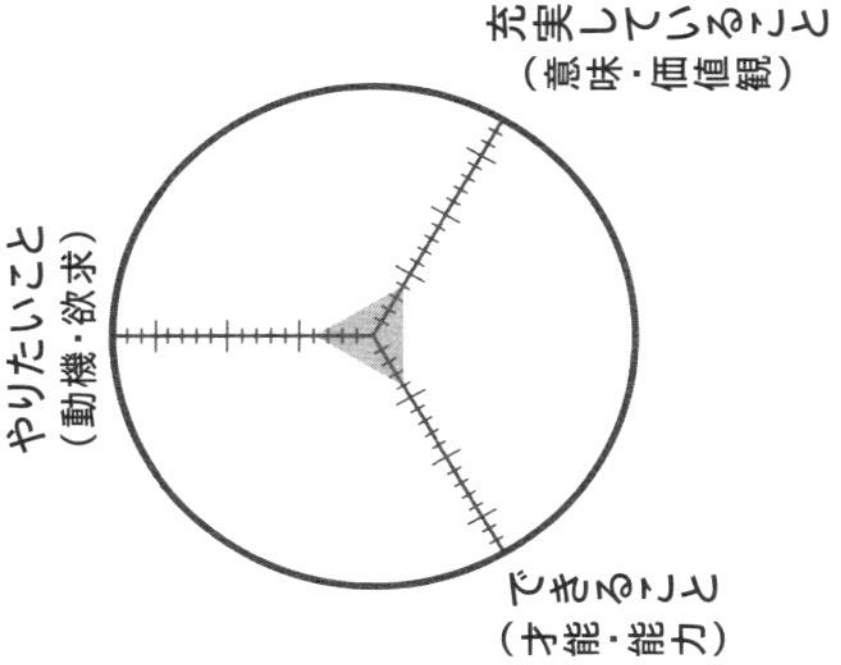

3要素すべての点数が4点以下の場合、バランス型（低スコア）となります。これは、「やりたいことがなく、できることもわからず、感情の起伏もなく生きてきた」ことになります。にわかには信じられませんが、まずは、124ページの「ライフライン」などを使いながら、もう一度、丁寧に自分の棚卸しをやり直してみてください。

それでも点数が変わらない場合は、何も考えず目の前の仕事に集中してみてください。半年から1年ほどした後、再度、振り返ってみれば、自分の強みや弱みが多少なりとも見えてくるでしょうし、成功や失敗も経験しているはずです。そこを軸に、少しずつキャリア観を見出していってください。

◆⑤「バランス型(高)」は、自分に正直

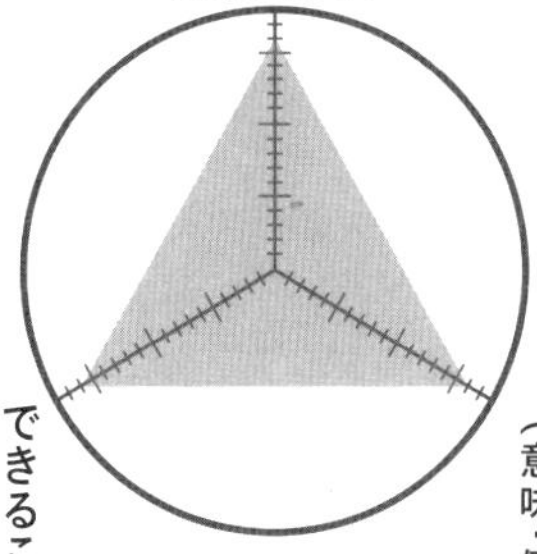

一方、すべての要素が16点以上だとバランス型(高スコア)です。ここへ到達している人は、揺るぎないキャリア観をすでに持っているので、それに従ってキャリアを選んでいけばいいでしょう。

ただし、このような状態になるには、知見や経験の厚み、深みが不可欠なので、20代のうちからこのタイプと出た人は、余程特別な存在か、もしくは背伸びをして自分を大きく見せようとしている可能性があります。思い当たる節があるなら、もう一度、自分に正直になってチェックし直してみてください。

ここまで紹介したキャリア観の見つけ方は、あくまでも自律的にキャリアをつくるためのベースに過ぎません。また、キャリア観は年齢や自分が置かれている状況に応じて変化するものでもあります。

そのため、年に1回は自己分析を繰り返すことをお勧めします。自分の中でキャリア観が次第に明確になっていくことを実感できれば、励みにもなり、さらに「頑張ろう」という気持ちも湧いてくることでしょう。

「自己効力感」の高低をチェックしよう！

◆物事をポジティブにとらえる力とは？

キャリア観の現在地がわかったとしても、それだけで満足し、その後の自己成長をおろそかにしてしまっては、意味がありません。自律的にキャリアを選べるようになるためには、明らかになった将来の目標や夢、現在の能力、価値観などをベースに、さらに自分を磨いていく必要があります。

では、限られた時間の中で、効率よく成長するには、どうすればいいのでしょうか？ 数多くのキャリアカウンセリングや採用面接の経験から、そのポイントが見えてきました。

たとえ同じ経験をしたとしても、大きく成長できる人とそうでない人がいます。両者をわけているのは、「自己効力感」――自己に対する信頼感や有能感です。耳慣れない言葉かもしれませんが、物事をポジティブにとらえる力のことだと考えてください。何かの課題を前にしたとき、「自分ならできそう！」と思えるか、成功体験に対して「いいじゃん、自分！」と自分を肯定的に認められるかということです。

たとえば、仕事で失敗したとします。自己効力感の低い人は、自分に自信がないため、「やはり失敗したか」「自分のせいで失敗した」などとネガティブにとらえ、「どうせまた失敗する」と負のスパイラルに陥りがちです。これでは失敗から学べることも限定的になってしまいます。

一方、自分に対する信頼感や自信を持っている自己効力感の高い人は、たとえ一度失敗しても必ず成功できると思えるため、粘り強く挑戦し続けることができます。失敗から何かを学び取ろうとする意識も高いので、成長スピードも速くなります。自分に対する自信が深まるにつれて、自分を認めることもできるようになるため、他人の評価に振り回されることが少なくなります。周囲の目を気にしてするべきことを先延ばしにしたり、何となく流されたりすることに抵抗できるようになるわけです。また、「自分にはできる」という強い気持ちがあるので、新しいことへも積極的に挑戦できるようになります。失敗することへの恐れよりも、成功したときの達成感や自己成長といった良いイメージを持つクセがついているので、行動を起こしやすくなるからです。

このような良い循環によって自己成長を加速させ、結果的に自己効力感の低い人との差が開いていくことになります。

話は多少それますが、転職においても自己効力感は有利に働きます。自分に対する信頼感や自信は、表情を生き生きとさせ、立ち居振る舞いも力強いものにします。面接での受け答えにも余裕が出てくるし、何よりも体全体から醸し出すパワフルさが面接官に好印象を与えます。

自律的にキャリアを選びやすくするためにも、自己効力感を高め転職を有利に運ぶことはメリットがあるといえるでしょう。

◆小さな成功体験に目を向けよう

自己効力感は、成功体験を重ね、それを肯定的に受け入れることで高めることができます。とはいえ、ビッグプロジェクトを達成したなどという大きな成功体験は、そうそう巡り合えるものではありません。そこで、日々の小さな体験の中から「できている」部分に注目してください。たとえば、朝決めたＴＯＤＯリストをすべて実行できたとか、翌日提出予定の書類を１日前倒しで提出したといったことでかまいません。このくらい小さな体験でも、「自分にはできる」という体験をいくつも重ねていくことで、自分を肯定できるようになっていきます。

自己効力感は、他者の成功体験でも培うことが可能です。それは、他の人の成功体験を観察して、「自分にもできそうだ」と感じるという方法です。ただし、自分にもできると思える根拠を一つも思い浮かべるということができなければ、それは単なる過信でしかありません。「○○だから、自分にもできる」と考えるクセをつけるようにしてください。

どうしても物事をネガティブにとらえるクセが抜けない人は、毎日10回「私ならできる！」と唱えることをお勧めします。病は気からではありませんが、何度も口にしているうち、多少なりとも「本当にそうなのかもしれない」と思えるはずです。その状態で、日々の小さな成功体験に目を向けていけば、少しずつ自己効力感が高まっていきます。

あなたは、コンサルタントを目指しますか？

◆将来から逆算して「今」どうするかを考えよう

ここまで、キャリアマネジメント実践講座として、キャリア観の見つけ方や自己分析、自己成長のコツについて紹介してきました。あなたの現状は、いかがだったでしょうか？

繰り返しとなりますが、これからの時代、自身のキャリア構築を会社任せにしているだけでは、生き残っていくことは難しくなるばかりです。自身のキャリア観を明確にして、常に自分を磨き続ける必要性をしっかりと感じてください。そして、自身のキャリアにビジョンを持ち、何年後に、どのようなポジションで、どのようなビジネスパーソンとして認められていたいのか、そこへ至るためにこれからの自分は何を吸収し、どのような経験を積むべきなのかを考えてください。

未来から逆算して、将来目標とするキャリアを実現するために、今、どうするべきなのかをあらためて考えるのです。

そしてその結果として、プロフェッショナルとしての自覚と誇りをもったコンサルタントになりたいと考えるならば、是非、チャレンジをしてください。コンサルタントとして自律的にキャリアを構築し、充実感や納得感のある人生を送ることは素晴らしいことです。

そんな方々のために最後の章では、コンサルタントへの転職ノウハウについてまとめていきたいと思います。

「未来から逆算して、
今、どうするべきなのかを考える」

第6章

他業種とはちょっと違ったコンサルタントへの「転職」五箇条

其の一／失敗しないコンサルティング会社の選び方

◆5つのポイントで見極める

一人で生きていけるコンサルタントになろうと決めたとしても、その入社するコンサルティング会社を間違ってしまうと、思っていたようなキャリア構築が非常に難しくなります。下積み期間から何とか一人前と認めてもらえるようになるまでは、会社が用意している教育方針や先輩コンサルタントの力量、社風、経営層の考え方などに左右される部分が大きいからです。なお、ここではコンサルタントへの転職を前提に説明していきますが、ここで語られるノウハウは、新卒市場においても有益なものが数多く含まれていますので、利用できそうな部分は、どんどん試してみてください。

そこでまずは、失敗しないコンサルティング会社の選び方を紹介したいと思います。着目すべきポイントは、5つあります。

❶経営トップにコンサルティング経験があるか

経営者にコンサルティングの現場経験がなければ、コンサルタントの悩みも、クライアントの課題も理解できません。たとえば、SI開発畑一筋でキャリアを重ねてきた人が、IT系コンサルティングファームのトップに就いたとします。このケースはしばしば見かけるのですが、それまでシステムやパッケージソフトウェアをクライアントへ導入するビジネスしか経験していないため、課題解決の発想がモノありきになりがちなのです。

コンサルタントは、クライアントの相談に乗る際、「そもそもコンサルタントが必要なのか」というところから思考をスタートさせ、曖昧な課題を明確にして課題解決を支援するというステップを踏みます。ところが、モノありきでは、「モノを課題解決のツールとして当てはめるには、どうするか」という思考に陥る危険性が高いのです。

❷ソリューションやノウハウを体系化しているか
❸体系化したナレッジをもとに、社員教育を行っているか

昔からコンサルタントを育てるのは難しいといわれています。現場経験からしか学べないことが多く、指導担当の力量に負うところが非常に大きいのです。そのため、「徒弟制度の世界」とか、「一子相伝」などといわれることもあります。これでは、コンサルタントとして優秀で、かつ人材育成の才能もある先輩に教わらないと実力を伸ばしていけないことになってしまいますが、そのような人が指導員についてくれる可能性は決して高くありません。

そこで、会社が用意している研修メニューに着目します。ポイントは、コンサルティングの前提となるソリューションやノウハウを言語化して体系立

てて整理しているかという点です。そして、それを研修メニューに落とし込み、社員教育を行っているかどうかも確認してください。

❹本を出版しているか

社名を出して、コンサルティングに関する本を出版しているかどうかを調べるのも効果的です。本があるということは、世に出せる独自のノウハウを持っていることの証しであり、出版社という第三者が、そのノウハウに需要があると判断した証しでもあるからです。

❺クライアントと直接取引しているか

すでに説明したように、クライアントと直接取引を行っておらず、2次請け、3次請けだった場合、元請けのサポートや手伝いに終始してしまい、プロジェクトの全体像を把握するのが非常に難しくなります。また、クライアントが抱える課題にいかに迫るか、提案をどのように受け入れてもらうかといった部分も、コンサルティングの重要なノウハウですが、直請けでないと、そのような現場経験を積む機会も少なくなってしまいます。

ここで紹介した5つのポイントであれば、会社を外から調べるだけでもわかるはずです。この条件をクリアした会社について、さらに独自の視点で吟味を加えていけば、コンサルティング会社で失敗する可能性はかなり低く抑えることができるはずです。

其の二／審査を突破できる書類作成法

◆書類選考をクリアしなければ何も始まらない

応募する際、会社に提出する書類には、履歴書と職務経歴書がありますが、転職の場合、それまでの経験が重視されるため、職務経歴書の作成には特に力を注いでください。以下、紹介する４つのポイントを参考にしていただきたいのですが、要は、応募先企業が知りたいことを簡潔に、かつ具体性をもって伝えることが肝要です。

❶強調したい長所や特徴を1枚目に書く

採用担当者は、忙しい中、時間を確保して何通もの職務経歴書に目を通します。そのような状況で、ダラダラと要点の定まらない職務経歴書を我慢強く最後まで、読むと思いますか。それは酷というものです。たいていは最初から1、2枚目を、軽く目を通して興味をそそられた場合だけ詳しく読み込んでいくと考えてください。そのため、もっともアピールしたい「自分の強み」は1枚目に記しておきましょう。

たとえば、「○○や○○といった大規模案件でプロジェクトマネージャーを務め、顧客から高い評価をいただきました」「海外パートナー企業への技術移転プロジェクトの技術責任者として、現地エンジニアの技術指導から、設備導入、試験運転までのすべてのフェーズに関わりました」など、採用担当者が興味をそそられそうな内容を選ぶこともポイントです。

また、仕事に取り組む際の姿勢についても書いておきましょう。「業務に優先順位をつけ、効率よく仕事をするのが得意です」とか、「結果を出すために、粘り強く努力し続けることができます」など、自分がどのようなタイプの人間かを伝えることができれば、書類選考を突破する可能性は高くなります。

❷実績は具体的に書く

実績を書く場合、経験したプロジェクト名だけでなく、どのような「役割」を務めたのか、どのような「貢献」をしたのか、具体的な「アウトプット」として何を出したのかというところに力点を置いて書いてください。

その際、具体的な数字があれば、プロジェクト規模や貢献度を、より理解してもらいやすくなります。

❸伝えたいことを簡潔にまとめる

「少しでも自分の経歴や実績を理解してもらいたい」。転職への意気込みが強いほど、そのような気持ちが強くなるのはわかります。しかし、だからといって10枚、20枚にも及ぶ職務経歴書は採用担当者も読みたくはないでしょう。また、無駄に枚数が多いと、要点を整理して伝える能力を疑われることにもなります。適当な枚数は2～3枚と心得てください。

❹職歴は、基本的に新しい順

採用担当者は、重要な業務を任されていなかった若手時代の職歴よりも、最近の責任や裁量のある中で、どのような業務を経験したのかという点をより重視します。また、転職直前のポジションは、待遇や給与にも影響するため、そこをパッと確認したいという心理も働いています。そのため、職歴は、基本的に最近のものから書くようにしてください。

「基本的に」と断ったのは、直近の業務と応募先企業のニーズがまるで関係ないなど、企業が興味を持ちそうにもない場合は、柔軟に対応したほうがいいからです。重要なのは、企業のニーズに合わせることです。

何社も応募する場合、職務経歴書を使いまわす人がいます。しかし、企業によって求める人材像や経歴、経験は異なります。職務経歴書は、自分のアピール書であり、「企業のニーズに応じる」ことが基本ですから、使いまわしはやめてください。

其の三／人材紹介エージェントを上手に使う

◆その善し悪しが転職成功を左右する

忙しい仕事の合間を縫って転職活動をしなければならないため、人材紹介エージェントを活用する人も少なくないでしょう。そこで、ここでは良い人材紹介エージェントを見極める方法を紹介します。

❶エージェントの得手不得手を見極める

人材紹介エージェントには、得意な業界、職種、年齢があります。スタートアップのIT系企業が得意なエージェントもあれば、重厚長大産業に太いパイプを持っているエージェントもいます。

そこで、まずは自分が希望している条件を得意としているエージェントを探してください。もっとも手軽な方法は、インターネットで、「35歳、ＩＴコンサル、転職」などのキーワードで検索して、ヒットしたエージェントに登録する方法です。エージェントのポータルサイトから探す手もあります。その際、気をつけたいのは、エージェントのサイトに掲載されているキャリアコンサルタントが若い人ばかりだったときです。キャリアコンサルティングの力量は、さまざまな事情や悩みを抱えた求職者とどれだけ真摯に相対してきたかという経験でしか培えません。そのため、若手しかいないエージェントでは納得のいくコンサルティングをしてもらえない可能性が高くなるからです。

代表が人材業界出身であるかどうかを調べるのも効果的です。会社のトップが現場を知らなければ、キャリアコンサルティングの難しさを理解するのは難しいもの、そのため、データマッチングなど、条件のみで応募先を紹介するところが少なくありません。

また、人材紹介と人材派遣は似て非なるものなので、両方の事業を手掛けているエージェントの場合、人材紹介事業からスタートしている会社を選ぶほうが、丁寧にキャリアコンサルティングをしてくれる可能性が高くなる傾向があります。

コンサルティング業界に強いエージェント

- **アクシスコンサルティング株式会社**

コンサルティングファームに特化したエージェント。戦略コンサルやＩＴコンサルなど、コンサルティング業界全般に強いのが特徴。

- **株式会社クライス＆カンパニー**

30歳代・マネージャークラスの転職に強いエージェント。ＧＣＤＦ資格（国家資格）を持つキャリアコンサルタントが多数在籍。

・**株式会社コンコードエグゼクティブグループ**

経営幹部などハイクラス案件に実績を持つエージェント。コンサル業界出身者がキャリアコンサルタントを務め、コンサル業界にも強い。

・**株式会社ムービン・ストラテジック・キャリア**

戦略コンサルティング会社に強いエージェント会社。コンサルティング業界経験者がキャリアコンサルタントを務めている。

❷面談してくれるエージェントを選ぶ

面談もせずに求人案件を紹介してくるエージェントは危険です。転職は人生をかけた大きな決断です。その決断をサポートする立場として、メールや簡単な電話連絡だけで案件を紹介してくるのは、求職者の希望に添う企業を探す気持ちが薄いと思わざるをえません。

そのため、面談してくれるエージェントかどうかは、とても大切なポイントになります。エージェントが介在する価値は、求職者のキャリアや将来、人生を考慮したうえで適切なアドバイスや求人紹介をしてくれることだと理解してください。

また、面談すれば、相手がコンサルティング業界に詳しいかどうかを探ることもできます。「これまでにコンサルティング業界の転職をどれだけ手伝ってきましたか?」と直接聞いてもいいでしょう。業界のことも知らないところに人生の大切な選択を任せるわけにはいきませんからね。

良い人材紹介エージェントを見つけられるかどうかは、満足のいく転職を実現できるかに大きく影響してきます。転職という人生の転機に介在するため、もし、信頼に足るエージェントに出会えれば、キャリアのこと、人生のことなど、さまざまな相談に乗ってもらうこともできます。ぜひ、人材紹介エージェント選びにもこだわってください。

其の四／面接対策

◆事前準備で、ロジカルな受け答えを

コンサルティング会社への転職の場合、面接官をコンサルタントが務める可能性が非常に高くなります。コンサルタントは、常日頃からロジカルシンキングや高度なプレゼンテーションに触れているため、半ば無意識のうちに、話の整合性や理解しやすい論理展開などを確かめるクセがついています。相手は、リスニングのプロフェッショナルですから、面接での受け答えで辻褄が合わない部分を見逃してはくれないのです。

それだけに、事前に面接での想定問答を作成して、「なぜ」と、とことん問いかけながら問答を深めていってください。深く考えることもコンサルタ

ントの基本スキルですから、どれほど美辞麗句を並べても、深掘りが甘いと、「コンサルタントに向いていない」と判断されかねません。

また、質問に対する回答は3つ用意しておきましょう。コミュニケーションスキルの一つに、「記憶に残りやすいのは、奇数」というものがあるからです。時間が限られている面接では、5つも説明するのは現実的ではないため、3つ答えるほうが、印象に残りやすくなります。どうしても一つしか用意できないときは、「あえて一つだ」ということを強調するといいでしょう。これも話術の一つです。

◆会ってから3秒で評価を上げる

皆さんは、第一印象をいつまでも引きずることがありませんか？　ハキハキして元気そう、不潔そうなど、最初に抱いた印象は、なかなか変えることができず、たとえ印象どおりでなかったとしても、修正するには、それなりの時間を必要とします。それが、面接の場となると、時間内にマイナス印象を挽回するのは、相当困難になってしまいます。

一説によると、第一印象は、会ってから3~5秒で決まるといいます。その判断に影響を与えているのは、見た目が55％、声の質や大きさ、口調といった耳から入る情報が38％を占めるそうです。このことからもわかるように、面接にのぞむ際の身だしなみは非常に重要ですから、以下に挙げるポイントを参考にして、面接官に好印象を与えてください。

【当日の身だしなみポイント】

❶清潔感を大切に

スーツやネクタイ、靴は、清潔感ある色味や形状のものを選びましょう。

印象づけるために派手な格好をする人もいますが、それが認められるかどうかは、勝つ可能性の低い賭けをするようなもの。避けるのが無難です。とはいえ、新卒ではないのですからリクルートスーツでは不自然です。クライアント先へ出向くときの服装をイメージすればいいでしょう。ただし、クールビズだからといってノーネクタイは避けてください。

また、女性の場合、ブレスレットやピアスなどの装飾品はある程度お洒落なほうが好印象につながります。あまり派手すぎないものであれば、身につけてもかまいません。

❷カバンとメモ帳は用意する

面接当日に会社案内など資料を渡される可能性があるので、カバンは持っていってください。その際、セカンドバッグやリュックサックは、あまり良い印象を与えないため、避けてください。カバンにはメモ帳を入れておくことも忘れずに。適宜メモを取ることで、話を聞く姿勢をアピールできます。

❸匂いにも気を配る

面接官の中には、匂いに敏感な人もいます。タバコが嫌いな人もいれば、きつい香水の匂いを苦手とする人もいるでしょう。第一印象に気を配るのであれば、匂いのことも忘れずに、面接直前の喫煙を控え、ほのかな香りの香水を選ぶようにしましょう。

◆立ち居振る舞いこそが能力を示す鏡

面接では、どのような話をするか、つぶさに観察されています。そのため、要点を押さえて簡潔に伝えることが、非常に重要です。面接序盤で「ご経歴を、ポイントで構わないのでお聞かせください」といわれることが多いのですが、これは「簡潔に説明する」ことを要求されていると理解してください。その意図を汲み取らず、ダラダラ話してしまうと、コミュニケーションが取れない人と評価されかねません。気をつけましょう。

同様に、聞かれてもいないことばかり話すのもマイナスです。面接で良いところをアピールしたい気持ちはわかりますが、度の過ぎるアピールは逆効果だと理解してください。

また、短所や不得意分野の話になると、とたんにしどろもどろになる人がいます。しかし、短所について話すことはアピールする絶好のチャンスでもあります。短所や不得意分野を克服するため、どれだけ深く自己分析をし、改善・解消に向けてどれほど熱心に取り組んでいるかを伝えられれば、面接官の評価はプラスに傾くでしょう。

◆独自の採用基準を理解してアピール

ここまでは、どのような業界の面接でも通用する一般的な話でもありましたが、ここからはコンサルタント独自の採用基準となるポイントについて説明します。

①コミットメント(目標達成力)

コミットメントとは、携わっているミッションや役割を達成することと、そのために精一杯、努力する能力のことです。

これを面接官に伝えるため、過去にコミットしたことについて、実現するまでの各フェーズで何を実行し、結果としてどれほど貢献できたのかを示す必要があります。

②専門性

コンサルタントは専門性を求められる職業です。そのため、何かの分野で飛び抜けたスキルがあることは大きな武器になります。しかし、どのような分野であっても、時代とともに新しいものが生まれ、知識は更新されていきます。そのため、専門性を訴えるだけでなく、常に新しい知識を吸収していく姿勢や、一つの領域に固執せず、他の分野へ知の領域を広げていく積極性もアピールするといいでしょう。

③我が事力

自分のポジションにかかわらず、自分が責任者であるという意識を持って取り組む姿勢が求められます。それは、担当した仕事に対する責任感の強さを測るためです。ただし、「プロジェクトの成功はすべて自分のおかげだ」などといった態度はマイナスになるので避けましょう。

④コミュニケーション力

コンサルタントは、話術や聞く力、提案力が大きく問われます。とはいえ、これからコンサルタントを目指す立場ですから、面接で高いレベルを要求されることはありません。そのため面接では、滑舌よくはっきり大きな声で話す、話を聞くときはあいづちを打ちながら聞く姿勢を示し、メモを取る、発言するときは相手が求めている内容を整理して要点をまとめて説明することを意識してください。

⑤必ず質問する

「質問はありませんか」と聞かれたら、必ず何か質問しましょう。事前に調べた内容と面接中の話を踏まえた質問は好感度を上げます。してはいけない質問は、調べればすぐにわかるようなことを聞くことです。コーポレートサイトに載っているようなことを質問してしまうと、「ウチにたいして興味がない」と判断されてしまいます。また、即興でつくったような薄っぺらい質問や自分の能力などを誇示するだけの質問は、印象を悪くします。自制心あるコミュニケーション力がコンサルタントには求められています。

其の五／内定後交渉・退職交渉

◆サインナップボーナス、インセンティブボーナスはあるか？

面接を突破して内定が出たら、給与や入社日など、入社に向けた交渉を行います。

特に、前職から給与がダウンする場合は、サインナップボーナスの有無を確認してみましょう。これは、給与のダウン分を補填するための一時金のようなもので、1年間で実績をあげれば、前職と同程度かそれ以上の年俸に引き上げることで給与のダウンをカバーできます。当然、実績が伴わなければ、翌年から給与がダウンしますが、それは自己責任ですので、結果を出すことに力を尽くしましょう。コンサルタントは基本的に年俸制で、その総額を12

分割して毎月受け取りますが、年俸以外に個人の業績に応じて支払われるインセンティブボーナス制度を採用している会社もあります。その有無も確かめておくといいと思います。

入社日に関しては、かなり柔軟に対応してもらえるはずです。コンサルタントは、プロジェクトごとにクライアントと契約を結んでいるため、途中で投げ出すことができません。そのため、プロジェクトを終えた時点で入社するケースが多く、「〇月1日入社」などにこだわる習慣はありません。

◆目指せ、円満退職

転職先から内定が出ても、まだ転職活動は終わっていません。前職を退職するという大きなイベントが残っているからです。コンサルタントへ転職する場合、前職での専門性を活かして活躍する可能性が高く、転職後も前職やその業界と関わっていくことになるため、喧嘩別れのような退職はできるだけ避けなければなりません。
そこで大切になってくるのが「退職交渉」です。以下、ポイントをまとめておきます。

❶誰に、どの順番で報告するか

社内のパワーバランスや人間関係などを考慮して、退職する意思を伝える順番を決めましょう。相手のポジションだけでなく、報告が後回しにされると、へそを曲げるといった性格まで含めて考えれば、おのずと順番は見えてくるはずです。

❷「相談」ではなく「報告」

退職の伝え方には鉄則があります。それは、「相談」するのではなく、決意を「報告」することです。「退職について相談させてください」といってしまうと、相手は「条件などによって思いとどまる可能性がある」と考えてしまい、「説得」を試みようとします。これでは、話の転がり方次第で非常に辞めづらい状況に追い込まれかねません。退職を伝えるときは「自分のやりたいことが実現できる会社と巡り合うことができ、内定を頂戴しました。つきましては、その会社にお世話になろうと思います。○月○日付けで退職させてください」というように、決まったことを理由とともに報告してください。ただし、報告を一方的に伝えるだけでは、相手の感情を逆なでしてしまいます。そのため、誠心誠意伝える姿勢を示すことも大切になります。

❸引き継ぎは丁寧に

退職の意思を伝えてから実際に退職するまでには、引き継ぎが発生します。円満退職を実現するには、ここをしっかり行うことが大切です。取引先へ挨拶し後任を紹介すること、業務の引き継ぎについては、伝えるべきことをレポートにまとめて、後任がスムーズに業務を遂行できる状態にしておくことなど、「飛ぶ鳥、跡を濁さず」を肝に銘じてください。

以上、コンサルタントへ転職するためのポイントをまとめてきました。これをすべて守れば、必ず転職が成功するわけではありませんが、満足のいく転職を実現する可能性は確実に高まるはずです。

思い描いたキャリアを実現するため、頑張ってください。

おわりに

以前から、「キャリアコンサルタント」「キャリアカウンセラー」など、呼び名は異なりますが、「人」と「仕事」のマッチングやキャリア形成を支援する仕事はいくつも存在していました。しかし、「名乗ったもの勝ち」のようなところがあり、何ができればキャリアコンサルタントなのかについては曖昧な状態が続いていました。

そのような状態を是正するため、2016年4月より「キャリアコンサルタント」は国家資格となり、その基準が明確に示されることになりました。

では、なぜ、今になって国家資格なのでしょうか？　理由は、日本でもキャリアマネジメントの重要性が認識され始めたからだと考えます。終身雇用や年功序列といった、日本企業のキャリア形成を支えていた柱が崩壊してしばらく経ったものの、それに代わる新たな柱は見つかっていません。価値基準が多様化する一方で、さまざまな仕事が世に溢れ、転職も普通のこととなったため、キャリアの選択肢は大きく広がっています。そのため、自分がどのようにキャリアを構築していけばいいのかわからない「キャリアの迷子」が増えているのが現状です。

このような状況を是正し、適職を求める人たちを的確に支援して満足度の高いマッチングを実現するには、さまざまなキャリア理論に裏打ちされた高度なキャリアマネジメントスキルを備えた専門家が必要だと、多くの人が気づき始めたからだと思うのです。

しかし、自分自身のキャリア選択を、専門家とはいえ、任せきりにしていいものでしょうか。また、専門家に相談する場合でも、自分のことを理解していなければ、的確なアドバイスを受けるための情報を専門家に提供できず、結果、中途半端なアドバイスに振り回されることになりかねません。

実は、本書で紹介したキャリアマネジメントの方法や考え方もキャリア理論をベースとしています。その主なものは、「キャリア・アンカー理論」「プランド・ハップンスタンス理論」「セルフ・エフィカシー」です。

私は、この3つを組み合わせることで、自律的なキャリア構築には事足りると考えていますが、そのほかにも「レビンソンの発達学習理論」や「シュロスバーグの4-Sトランジション・モデル」など、さまざまな理論が存在し、活用されています。

興味のある方は、是非、ご自身で調べてみてください。

キャリアマネジメント先進国である欧米では、ビジネスパーソンがこういったキャリア理論を積極的に活用して、満足のいくキャリアを自らの手でつかんでいます。そして、この流れは、確実に日本にもきているのです。

本書を通じて、そのことに気づき、一人でも多くの読者が、自身のキャリア構築について真剣に考えるようになること、満足できるキャリアを手に入れることを心より願っています。

最後となりましたが、本書の出版にあたりご尽力いただいた構成の八色祐次さん、プレジデント社の金久保徹さんに心より感謝申し上げます。

２０１６年10月31日

株式会社マネジメントソリューションズ

高橋信也

上條　淳

付録

「キャリア理論」

ビジネスパーソンならば、満足のいくキャリアを自らの手でつくり上げていきたいものです。ここでは、本書で紹介した「キャリアマネジメント」の方法や考え方のベースとなった「キャリア理論」を簡単にご紹介いたします。それぞれの「キャリア理論」を理解した上で、自分を見つめ直し、ご自身の自律的なキャリア構築に役立ててください。

「キャリア・アンカー理論」
Career Anchor

アメリカの組織心理学者であるマサチューセッツ工科大学（MIT）スローン経営大学院名誉教授のエドガー・H・シャイン博士が発表した理論。自身が描くキャリアプランの中で絶対にブレない柱を、船の錨にたとえたもので、今もなお最も有名なキャリア理論として世界中で親しまれています。

「キャリア・アンカー」とは、いわばキャリアにおける選択、具体的には職業や職種、勤務先などを選ぶ際の「判断基準」といったもので、自身がキャリアをつくっていく際に「最も大切で、どうしても犠牲にできない」ものを、何に設定するのかということです。
それは、価値観や欲求によるものでも、動機や能力に立脚するものでも、何でも良いのです。これをはっきりとさせれば、転職や独立という人生の分岐点と向き合ったときに、揺らぐことなく意思決定をしていくことができるはずです。

この理論は、キャリアに関するセルフイメージのことでもあり、次のような3つの側面にどう答えるかによって、ある程度、その方向性がわかってきます。
欲求／やりたいこと　能力／できること　価値観／やるべきこと

これらは、キャリアスタート時には曖昧であったものが、キャリアを積むプロセスで個人の内面に無意識に固まっていき、その後の選択の際の基本方針として、キャリアを方向づける重要な役割を果たすものとなります。

また、シャイン博士が行った研究では、判断基準の柱となるキャリア・アンカーは、8つのカテゴリーに分類することが可能であることがわかりました。

❶ 専門　❷ 経営管理　❸ 自律・独立
❹ 安定・保証　❺ 起業家的創造性　❻ 社会への貢献
❼ チャレンジ　❽ 仕事とプライベートのバランス

20代のうちは、自分のキャリア・アンカーが何であるのかわからないという方も多いかもわかりませんが、人生の転機や節目においては、自分のキャリア・アンカーは何かということに直面せざるを得なくなるときがやってきます。 キャリア・アンカーをベースに自身のキャリアを考える際には、イメージだけでなく、自分に適した仕事の「本質」を見極めていくことが大切となります。

「プランド・ハップンスタンス理論」
Planned HappenStance

アメリカ、スタンフォード大学のジョン・D・クランボルツ教授が発表したもので、簡単にいえば「キャリアの8割は偶然によってもたらされる」と考え、「だから計画は柱の部分さえきちんとしていれば、あとは曖昧で構わない」というスタンスを取ることを提唱し、むしろ、「偶発的な出来事を必然だったかのように柔軟に取り込める姿勢」の重要性を説いた理論です。


「偶然を必然化する姿勢」を持つことがキャリア形成には有効だということで、偶然を計画的に設計して、自分のキャリアをより良いモノにしていこうという、非常にポジティブな考え方だといえます。

偶然を避けるのではなく、起こったことを主体性と努力によって最大限に活用すること。さらには予期しない出来事を待つだけでなく、自らつくり出せるように積極的に行動したり、偶然を意図的・計画的にステップアップの機会へと変えていくべきだというのが、この理論の中心です。

ですが、この理論に基づいて行動をするのは決して難しいことではありません。

クランボルツ教授が示したポイントは、以下の5つとなります。

❶ 好奇心／たえず新しい学習の機会を模索し続けること
❷ 持続性／失敗に屈せず、努力し続けること
❸ 楽観性／新しい機会は必ず実現する、可能になるとポジティブに考えること
❹ 柔軟性／こだわりを捨て、信念、概念、態度、行動を変えること
❺ 冒険心／結果が不確実でも、リスクを取って行動を起こすこと

つまり、この5つを意識していけば、詳細におよぶアクション・プランなど不要だというわけです。事実、ビジネスの世界は日々変化しています。一つの仕事を担っていても、毎日のように状況や環境は変化しますし、時には理不尽な展開だってあるでしょう。ガチガチに計画をつくり込んでも、リアルなビジネスは思い通りに運んではくれませんし、ビジネスを形成する人間もまた理屈では説明できない行動をする生き物です。

大切なのは、そうして当たり前のように次々発生する偶発的な出来事をいかにポジティブなものに変換し、夢へ近づく足がかりにできるかどうか。だからこそ、この理論の中では、計画はほどほどで良いのです。

「セルフ・エフィカシー」
Self-Efficacy

カナダ人心理学者のアルバート・バンデューラ氏が提唱したもので、日本語では「自己効力感」と呼ばれ、自己に対する信頼感や有能感のことを言います。状況によって、人は自分が必要な行動をうまく遂行できるかどうかを認知して判断しようとしますが、そこで「うまくできる」と考えられる人は「自己効力感が高い」、「できそうにない」と考える人は「自己効力感が低い」というわけです。

ある仕事や活動をやり遂げるだけの能力が自分にあると信じるか、つまり自己効力感を持つかどうかが、その人の仕事に対する意欲、努力や成果に影響します。自己効力感が高い人は、仕事を遂行する上で起こる出来事をコントロールできるという確信を持っているため、結果、仕事に対する意欲を保ち、成功に向かって努力します。

一方、自己効力感が低い人は、物事に対処できる確信が低いため、失敗をイメージして物事が思うように進まなくなることを予測することになります。そうした考えは仕事に対する動機を低下させると同時に、仕事そのものにも悪影響を与えてしまいます。

セルフ・エフィカシーは、現実をポジティブに受けとめ、自分の力を信じることができる人は成功確率も上がるのだという発想のため、キャリアの領域でも頻繁に使われる理論となっています。つまり、「自信を持ってポジティブな気持ちで行動できるようになりましょう」ということですから、転職の現場でも「自信を得た人（＝セルフ・エフィカシーを高めた人）」の方が成功率は高くなります。

では、どうすればセルフ・エフィカシーを高めることができるのでしょうか？

バンデューラ氏は、自己効力感をつくり育てていくには4つの手法があると述べています。

❶ 成功体験／小さな目標でもいいので、それをクリアしていくことで達成感を積み上げていく
❷ モデリング／他者（モデル）の観察を通して、その行動を学習して、自分のものにすること
❸ 社会的説得／自分に能力があることを言語的に説明してもらうこと、つまり、言語的な励ましを受けること
❹ 心身状態／ストレスやネガティブな感情傾向を減少させ、身体を正しい状態に保つこと

キャリア形成において、この「自己効力感」を高めていくことは非常に重要です。上記の4つの手法を参考に前向きに進むことを心がけてください。

ここまで、「キャリア・アンカー理論」「プランド・ハップンスタンス理論」「セルフ・エフィカシー」という3つの理論や発想を紹介しました。これら以外にも多数のキャリア理論がありますが、自律的なキャリア形成を構築していくためには、最低限この3つは押さえておきたいところです。それぞれのポイントを理解し、心に留めながら日々の仕事と向き合ってください。そうすれば、自分は何を目標にしていて、何を大切にし、何ができるのかが見えてきます。また、自分に備わった可能性を適切に理解できるようにもなります。そこまでいけば、自らキャリアを形成することに喜びを見出せるようになるはずです。

「レビンソンの発達学習理論」

イェール大学の心理学教授であったレビンソン氏が提唱した理論で、人生には一定のパターンがあるという考え方に沿って、私たちのライフサイクルには、児童期と青年期（0〜17歳）、成人前期（17〜40歳）、中年期（40〜65歳）、老年期（60歳以降）という4つの発達期と、3つの大きなトランジションがあるというものです。トランジションとは、人生の節目のことであり、「過度期」とも呼ばれ、進学、就職、結婚・離婚、死別といった人生のターニングポイントが起こる時期でもあります。

キャリアを考えるにあたって、このトランジションの状況を捉えることはとても重要なことです。なぜなら、その方の置かれている状況がどの段階にあるのかを理解しやすくなるとともに、過去のトランジションをどのように乗り越えてきたのかを知ることによって、その方がどんな意思決定をするタイプなのかを理解しやすくなるからです。

この理論においてキャリアデザインとは、その節目や移行期に方向を見失わないようにするための「見通し」と考えることができます。

「シュロスバーグの4-Sトランジション・モデル」

アメリカ・メリーランド大学のカウンセリング心理学名誉教授・ナンシー・シュロスバーグが提唱した理論で、人生はトランジション（転機）の連続からなり、人のキャリアは、それを乗り越えるプロセスを経て形成されていくとし、トランジションを乗り越えるための対処法（4-Sモデル）を示しています。

トランジションが起こると、
役割（ライフ・ロール）の変化
人間関係の変化
日常生活の変化
自分らしさ（自己概念）の変化
などがあり、転機に入ったことを、自分自身が受容することが大切だとしています。

また、トランジションを乗り越えるための対処法を「4-Sモデル」として、
状況（シチュエーション）
自分自身（セルフ）
支援（サポート）
戦略（ストラテジー）
を検討した上で、行動に移すことが大切だと説いています。

つまり、キャリア形成において転機を乗り越えるためには、まずは自身が転機に入ったことを正確に自覚し、その変化に対して現状を冷静に受け止め、分析をした上で、行動計画を立てて対処することが大切だということです。

参考文献

「GCDF-Japanキャリアカウンセラートレーニングプログラム」特定非営利活動法人キャリアカウンセリング協会
『人間性の心理学』A・H・マズロー著　小口忠彦訳　産業能率大学出版部
『ライフサイクルの心理学(上)(下)』　ダニエル・レビンソン著　南 博訳　講談社
『トランジション～人生の転機～』ウィリアム・ブリッジズ著　倉光 修／小林哲郎訳　創元社
『キャリアカウンセリング』宮城まり子著　駿河台出版社
『キャリア・アンカー　自分のほんとうの価値を発見しよう』エドガー・H・シャイン著　金井壽宏訳　白桃書房
『激動社会の中の自己効力』アルバート・バンデューラ編　本明寛／春木豊／野口京子／山本多喜司訳　金子書房
『その幸運は偶然ではないんです!』J・D・クランボルツ／A・S・レヴィン著　花田光世／大木紀子／宮地夕起子訳　ダイヤモンド社
『心のライフライン―気づかなかった自分を発見する』河村茂雄著　誠信書房
『ジョハリの窓―人間関係がよくなる心の法則』久瑠あさ美著　朝日出版社
『素直な心になるために』松下幸之助著　PHP研究所
『ほんとうの心の力』中村天風著　PHP研究所
『キャリア論』高橋俊介著　東洋経済新報社
『人が育つ会社をつくる―キャリア創造のマネジメント』高橋俊介著　日本経済新聞出版社

50歳でリストラされない「キャリアマネジメント」を!

転職人気NO.1

コンサルタントになれる人、なれない人

「自律力」が、あなたの人生を変える!

2016年11月8日　第1刷発行

著　者　高橋信也　上條 淳
発行者　長坂嘉昭
発行所　株式会社プレジデント社
〒102-8641
東京都千代田区平河町2-16-1 平河町森タワー13階
http://www.president.co.jp/
http://presidentstore.jp/
電話 編集03-3237-3733　販売03-3237-3731
販　売　桂木栄一　高橋 徹　川井田美景　森田 巌　遠藤真知子　塩島 廣　末吉秀樹
装　丁　矢﨑 進　水野博之
構　成　八色祐次
編　集　金久保 徹
写　真　UFO RF/a.collectionRF/amanaimages (カバー)　瀬田政之 (本表紙・本文)
印　刷　大日本印刷株式会社

ISBN978-4-8334-5110-9
Printed in Japan